Petra Bartoli y Eckert

IN DEN BERGEN FINDEST DU ZU DIR

Petra Bartoli y Eckert

IN DEN BERGEN FINDEST DU ZU DIR

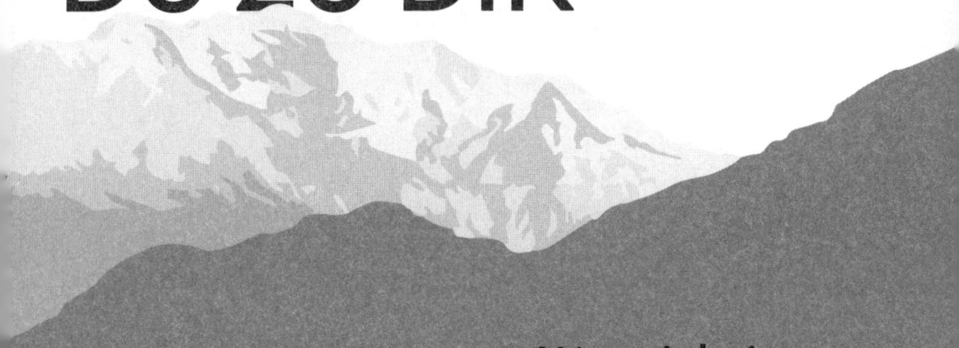

Was wir beim Wandern über Resilienz lernen

KÖSEL

MIX
Papier | Fördert gute Waldnutzung
FSC® C083411
FSC www.fsc.org

Penguin Random House Verlagsgruppe FSC® N001967

VG WORT

NEU START KULTUR

Die Beauftragte der Bundesregierung für Kultur und Medien

2. Auflage 2024

in der Penguin Random House Verlagsgruppe GmbH,
Neumarkter Str. 28, 81673 München
Redaktion: Marlene Fritsch
Umschlaggestaltung: zero-media.net, München
Umschlagmotive: © Neil Warburton / Stocksy United
Satz: Uhl + Massopust, Aalen
Druck und Bindung: CPI books GmbH, Leck
Printed in Germany
ISBN 978-3-466-37306-2

www.koesel.de

INHALT

WAS BERGE FÜR MICH MIT RESILIENZ ZU TUN HABEN

Ich gehe. Leidenschaftlich gerne. Und ständig. Denn Gehen hat für mich genau das richtige Tempo. Schnell genug, um irgendwo anzukommen und nicht auf der Stelle zu treten. Langsam genug, damit die Seele hinterherkommt. Am liebsten gehe ich in den Bergen. Bisher keine herausragend schwierigen Touren, aber gerne einfache Tageswanderungen. Bergwandern hilft mir, mich wieder zu sammeln und Kraft zu tanken. Denn Berge ermöglichen einen neuen Blickwinkel. Nicht nur, weil man von hoch oben meist eine herrliche Aussicht hat, sondern auch, weil vieles wieder an den richtigen Platz, in eine andere Relation gerückt wird. Wer gerne in die Berge geht, kennt das: Wenn man oben angekommen ist, kann es passieren, dass man all seine Sorgen einfach im Tal gelassen hat.

Doch vor dem Gipfelglück steht der Aufstieg. Und der kann mitunter ganz schön herausfordernd sein. So habe ich natürlich nicht nur Höhen, sondern auch Tiefen beim Wandern erlebt: Die Anstrengung beim Aufstieg, wenn man denkt, den nächsten Schritt nicht mehr zu schaffen. Die Last des Rucksacks, der auf die Schultern drückt. Die Blasen an den Füßen, die schmerzen. Am liebsten würde man sich hinsetzen und nicht wieder aufstehen. Doch dann geht man doch weiter. Und weiter. Und dann, wenn man die letzte Biegung geschafft, den letzten steilen Pfad genommen hat, öffnet sich der Horizont. Plötzlich liegt einem die Welt zu Füßen, ist alle Anstrengung vergessen, und alles Belastende scheint kilometerweit weg zu sein.

Irgendwann nach einer besonders schönen Wanderung habe ich angefangen, mir Gedanken zu machen, welche Kraft ich aus den Touren in den Bergen ziehe und wie nachhaltig dieses Auftanken für mich ist – ob Gehen in den Bergen und in der Natur also resilient machen kann. Denn das ist es, was sich so viele wünschen: ein »Wundermittel« in der Rückhand zu haben, um Härten und Schwierigkeiten mit einer gewissen Leichtigkeit wegzustecken. Oder sich zumindest nach einer emotionalen Talfahrt schnell wieder zu erholen. Ich habe also versucht, mehr über die Idee von Resilienz herauszufinden. Neben meiner persönlichen Erfahrung, dass Bergwandern nicht nur dem Körper guttut, sondern auch die Seele stärkt, gibt es dazu fundierte Erkenntnisse. Was Menschen hilft, im Leben mit besonderen Herausforderungen gut zurechtzukommen, wird meistens an Faktoren in der frühen Kindheit festgemacht: eine sichere Bindung im Kindesalter, Bezugspersonen, die ermutigen, Sicherheit vermitteln und Erfahrungen ermöglichen, damit man sich als selbstwirksam erlebt. Ein stabiles Umfeld also, in dem man wachsen kann.

Doch was machen Menschen, die keine optimalen Startchancen haben oder deren Belastbarkeit im Lauf des Lebens allzu oft auf die Probe gestellt wurde? Ich bin auf zahlreiche Kurse und Seminare gestoßen, die versprechen, dass auch im Erwachsenenalter das Erlangen von Resilienz möglich ist und dass sie dabei unterstützen können. Doch gerade bei Resilienzkursen im beruflichen Kontext ist nicht immer das drin, was draufsteht. Oft geht es hier nämlich nicht in erster Linie darum, im Leben besser zurechtzukommen, sondern noch leistungsfähiger für ein Unternehmen, noch belastbarer für noch mehr Arbeit und Druck zu werden. Das führt meiner Meinung nach die Resilienz ad absurdum.

Resilienztrainings wie diese bergen eine weitere Gefahr: Hier wird das Augenmerk darauf gelegt, sich schnellstmöglich und effizient den Widrigkeiten anzupassen. An den Widrigkeiten selbst ändert sich jedoch nichts. Man soll sie klaglos hinnehmen und unverwundbar werden. Doch ist man dann tatsächlich resilient? Ist es nicht viel sinnvoller – wenn möglich –, die Umstände zu verändern, statt sich selbst zu optimieren? Nicht jede »Zumutung« muss man aushalten und dafür vermeintlich Resilienz beweisen!

Und natürlich gibt es Situationen, in denen nichts anderes hilft, als an- oder hinzunehmen, was eben gerade ist. Ereignisse und Gegebenheiten also, die sich auch mit noch so viel Anstrengung nicht ändern lassen. Das fängt – ganz banal – beim Mistwetter im Urlaub an, meint aber vor allem Situationen, die uns massiv belasten, wie etwa der Verlust der Arbeitsstelle oder der Tod eines nahestehenden Menschen. Da hilft kein Schönreden, kein Bemühen, das Beste daraus zu machen. Ein Annehmen solcher Situationen kann aus einer Krise helfen und ist letztlich auch ein Zeichen für Resilienz. Allerdings ist das leichter gesagt als getan. Denn dazu müssen wir uns der Situation stellen und all die damit verbundenen negativen Gefühle zulassen, statt sie wegzuschieben. Resilienz ist also kein

Vermeiden einer Krise, keine »Dauer-Sonnenschein-Strategie«, sondern ein Prozess, der von ganz tief unten irgendwann wieder nach oben führt – und darin irgendwie vergleichbar mit dem Aufstieg auf einen Berg.

Schließlich wollte ich hautnah herausfinden, wie Resilienz, wie Widerstandsfähigkeit in schwierigen Situationen wirklich gelingen kann. Ich nahm mir vor, mich einer besonderen Herausforderung zu stellen, um mehr über mich und meine persönliche Belastbarkeit herauszufinden. Der Entschluss war gefasst: Ich wollte eine Alpenüberquerung machen, wollte aus eigener Kraft zu Fuß das höchste Hochgebirge in Mittel- und Südeuropa überwinden. Mir war klar, dass ich dabei über Grenzen gehen muss. Nicht nur die, die Deutschland, Österreich und Italien voneinander trennen, sondern auch und vor allem über meine persönlichen Grenzen. Um mich darauf vorzubereiten, wollte ich von anderen lernen. Ich wollte »Bergmenschen« finden, die Erfahrung mit Herausforderungen wie dieser haben: leidenschaftliche Wanderer, Almbäuerinnen, Kletterer, Helfer von der Bergwacht. Ich wollte mich aber auch mental wappnen und Menschen befragen, die es geschafft haben, nach schwierigen Lebenszeiten wieder auf die Beine zu kommen, und von ihnen wissen, wie sie die schwierigen Aufstiege im Leben – im übertragenen Sinn – bewältigt haben und dabei gesund und zuversichtlich bleiben konnten. Wie sich gezeigt hat, ließ sich beides wunderbar verbinden. Alle, die ich für dieses Buch getroffen habe, haben eine ganz eigene Verbindung zu den Bergen. Und sie können auch viel zum Thema Resilienz erzählen.

Ein Jahr zuvor hatte ich mich zu Fuß auf den Weg gemacht, um Menschen in Süddeutschland und Österreich zu besuchen und mit ihnen zu den Themen »gutes Leben« und Zufriedenheit ins Gespräch zu kommen. Auf diesem Weg habe ich viel über mich selbst gelernt. Vor allem, dass ich gut allein mit mir auskomme. Und dass das dennoch an manchen Tagen eine Herausforderung ist. Ich habe noch das Knirschen der eigenen Schritte und ein bisschen Vogelgezwitscher im Ohr und weiß, wie es sich anfühlt, wenn das die einzigen Geräusche sind, die mich umgeben. Die Stille ist eine Wohltat, wenn es auch in mir selbst still ist. Wenn es innen laut wird, dann bin ich für andere Menschen dankbar, denen ich mich mitteilen kann. Selbstgespräche sind da eben keine Alternative.

Was ich auf meinen bisherigen Wegen zudem erfahren habe: Ich mag es, lange Strecken zu Fuß zu gehen. Auch in den Bergen bin ich gerne und durchaus geübt darin. Doch würde ich eine mehrtägige Hochgebirgswanderung mit Gepäck, das ich die gesamte Zeit mitschleppen muss, hinbekommen? Ich war sicher, dass eine Alpenüberquerung mich fordern wird. Und ich war auch überzeugt: Ich werde mich dieser Herausforderung stellen.

Ich nahm mir vor, auf meinem Weg nicht nur andere nach ihren Rezepten für innere Stärke zu befragen, sondern auch ganz persönlich über die Frage nachzudenken, was mir hilft, mit Schwierigkeiten zurechtzukommen. Vielleicht würde mich ja die Erleuchtung treffen und ich das ultimative Geheimrezept für ein unbeschwertes Leben mit ausreichend Widerstandskraft und der Leichtigkeit, jedes Problem ohne Kratzer im Lack zu bewältigen, entdecken?

Natürlich sind viele Menschen täglich einer weit höheren Belastung als einer selbst gewählten Wanderung ausgesetzt. Bei meinem Vorhaben hätte ich zudem den Vorteil, mich ständig in meist schöner, teilweise atemberaubender Umgebung zu bewegen. Dennoch war ich überzeugt, dass die Überquerung der Alpen eine gute Gelegenheit wäre, mich aus meiner

Komfortzone zu holen: Wie bei plötzlichen Herausforderungen würde ich mein Verhalten an die jeweiligen Anforderungen anpassen müssen, würde bisher wirksame Muster überdenken, mit Tiefpunkten zurechtkommen, mich anstrengen und körperliche und mentale Grenzen überwinden müssen. Und das Wichtigste: Ich wollte dabei gesund bleiben und schließlich sagen können: »Ich habe es geschafft und ich bin daran gewachsen.«

Schon mal vorgegriffen: Als ich mich auf den Weg zu meiner Alpenüberquerung machte, hätte ich nie gedacht, dass ich meine gesamte Resilienz schon am ersten Tag würde mobilisieren müssen. Und beinahe wäre ich umgekehrt. Doch dann habe ich es doch irgendwie geschafft, weiterzugehen. Und es hat sich gelohnt!

VOR DER ALPENÜBERQUERUNG

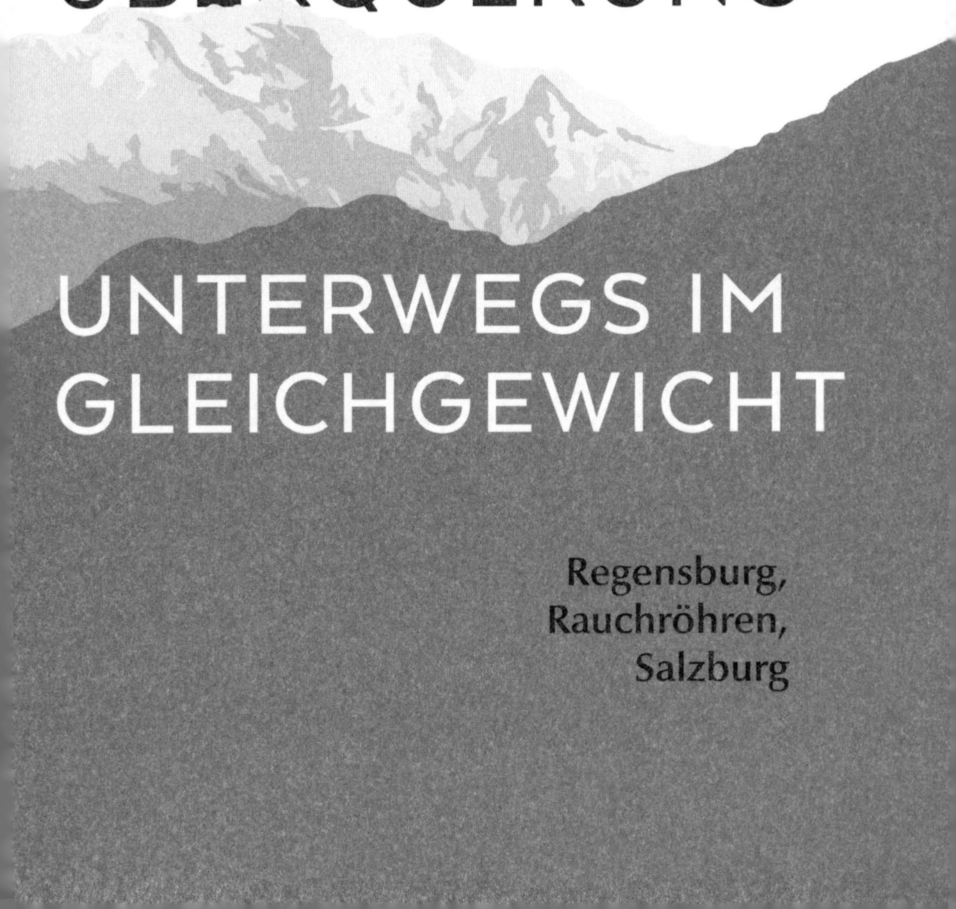

UNTERWEGS IM GLEICHGEWICHT

Regensburg,
Rauchröhren,
Salzburg

PRÄSENZ UND BEWUSSTSEIN

Gespräch mit Psychologin und Bergführerin Rita

Bevor ich losgehe, hole ich mir Rat bei einer erfahrenen Bergfrau und Expertin für seelische Gesundheit: Rita ist nicht nur Psychologin, sondern auch seit Jahren Mitglied im Deutschen Alpenverein. Sie ist selbst oft in den Bergen unterwegs – vor Kurzem ging es quer durch die Dolomiten. Daneben bietet sie Kurse für Gruppen an, in denen Interessierte Trittsicherheit üben können und Höhenangst überwinden lernen.

Ich treffe die 59-Jährige in Regensburg. Wir sitzen in zwei gemütlichen Sesseln in der Besprechungsecke meines Büros. Rita hat den Rücken durchgedrückt, die Hände locker auf die Armlehnen des Sessels gelegt. Sie strahlt gleichermaßen Ruhe und Lebensfreude aus. Vorab hatte ich sie gebeten, mir in unserem Gespräch etwas darüber zu erzählen, wie es gelingen kann, körperlich und seelisch gesund die Herausforderung einer Alpenüberquerung zu bewältigen – also resilient zu sein. Als sie zu erzählen beginnt, merke ich, dass ich mit meiner Frage bei ihr einiges in Gang gesetzt habe.

»Ich habe in der Vergangenheit einige Seminare zum Thema *Psychische Widerstandskraft* angeboten. Das war das eine. Und Bergsteigen war für mich das andere«, beginnt die Psychologin. »Jetzt habe ich mir überlegt, was beides miteinander zu tun hat. Ich habe mir dazu sogar ein paar alte Unterlagen herausgesucht. Und das, was ich da in meinen Fortbildungen erzählt habe, war ja alles kein Schmarrn«, sagt Rita schmunzelnd.

»Doch der Resilienzbegriff, so wie er etwa in Unternehmen verstanden wird, hat mit Berggehen sicherlich nichts zu tun. Hier wird der Fokus vor allem auf Aushalten und Stressresistenz gelegt. Oft bekommen Mitarbeitende zu hören: ›Sie sollten mal an Ihrer Resilienz arbeiten.‹ Einige Klienten und Klientinnen wurden sogar von ihren Arbeitgebern für ein Coaching zu mir geschickt, damit sie noch belastbarer werden und noch mehr aushalten können. Davon habe ich mich irgendwann distanziert, weil das nicht zu meinem Menschenbild passt. Darum passten für mich die beiden Dinge – Bergsteigen und Widerstandskraft – erst gar nicht unter einen Hut. Ich habe also erst einmal den Resilienzbegriff wieder weggelegt.« Rita macht eine kleine Pause und trinkt einen Schluck Wasser.

»Doch dann habe ich mir überlegt, wie ich in den Bergen unterwegs bin: Ich suche mir einen Weg und gehe von A nach B. Ich setze einen Schritt vor den anderen. Und eigentlich mache ich an Bergtagen sonst gar nichts anderes. Als ich im Sommer den Höhenweg durch die Dolomiten gegangen bin, habe ich morgens nach dem Aufstehen meinen Rucksack gepackt. Ich habe überlegt, wie viele Höhenmeter ich an dem Tag machen werde und wo ich hinmuss. Ich habe mir auf der Karte angesehen, welche Abzweigung ich auf keinen Fall verpassen darf und wo gewisse Checkpoints sind. Dann bin ich losgegangen. Ich habe darauf geachtet, regelmäßig zu trinken und das Wetter im Blick zu behalten, auf meine Schritte geachtet, überlegt, welcher Tritt für den Boden, auf dem ich mich bewege, angemessen ist. Und ich musste einen sicheren Stand haben, damit ich nicht umfalle. Mehr gab es an diesen Tagen nicht zu tun. Und trotzdem ist viel passiert. Ich musste auf mich achten. Musste nachspüren, ob es noch geht oder ob ich eine Pause brauche. Wenn ich mir die Gegend anschauen wollte, musste ich stehen bleiben, weil ich sonst gestolpert ober sogar abgestürzt wäre. Alles ganz banale, aber dennoch wichtige Dinge. Wenn ich diese nicht beachtet hätte, dann hätte ich vielleicht den Aufstieg nicht geschafft.

Es geht beim Berggehen also sehr viel um Achtsamkeit und Bewusstsein. Multitasking funktioniert hier nicht. Ich kann nicht mehrere Dinge gleichzeitig tun, wenn ich sicher unterwegs sein will, sondern muss eins nach dem anderen angehen. So wird alles viel einfacher.

Außerdem ist mir aufgefallen, dass ich an Tagen, an denen ich nicht in meiner Mitte, nicht in der Balance bin, schon zu Beginn der Wanderung Schwierigkeiten habe. Dann fühle ich mich wie ein Kind, das herumtappt, als müsste ich erst das Gehen lernen. Meine Bewegungen sind schwer und eckig. Je länger ich an solchen Tagen unterwegs bin, umso leichter wird es dann häufig. Meine innere Balance hat also Auswirkungen auf mein Gehen, auf meine äußere Balance. Und wenn mir gutes Gehen gelingt, dann kann ich auch schwierige Passagen meistern.«

So bringt Rita Bergwandern und Resilienz schließlich doch

zusammen: Die Balance als Voraussetzung und gleichzeitig als Ergebnis einer Wanderung.

»Ich finde es übrigens wunderbar, wenn ich jemanden ›schön gehen‹ sehe«, greift sie den Faden wieder auf. »Das hat etwas Elegantes. Wie bei einer Gams. Das ist leichtfüßig. Gehen ist etwas ganz Sinnliches. Ich klettere auch gerne. Aber Gehen ist für mich die Basis von allem. Gehen in Balance.«

Die Berge helfen Rita auch dabei, aufzutanken. »Ich habe mir überlegt, woran es liegt, dass Berggehen Kraft gibt«, meint sie und streicht gedankenverloren über den Stoff der Sessellehne. »Natürlich spielt dabei die schöne Umgebung eine Rolle. Und das Einlassen auf berührende Momente. Aber was für mich noch wichtig ist: Wenn ich in meinem Alltag bin, dann muss ich an so viele Dinge gleichzeitig denken. In den Bergen beschränkt sich einiges: Ich habe weniger dabei; es gibt weniger Reize. So kann sich mein inneres System erholen.«

Schließlich fügt Rita noch einen Gedanken dazu an, wie Berggehen zum einen Resilienz erfordert, zum anderen aber auch fördert: »Wenn ich in den Bergen unterwegs bin und in Schwierigkeiten gerate, kann ich nicht so einfach googeln, wie ich aus der Situation wieder herauskomme. Ich bin auf mich selbst zurückgeworfen und muss überlegen, was ich tun kann und was ich dafür mitbringe. Das hat viel mit Selbstvertrauen zu tun. Aber auch mit guter Vorbereitung, mit Beobachtung und Einschätzung der Umgebung.«

Rita hat ihre Kindheit zwar im Umfeld der Metropole München verbracht, ist aber dennoch in den Bergen aufgewachsen. Als Kind war sie viel bei ihrem Großvater, der einige Almen im Lecknertal in den Allgäuer Voralpen bewirtschaftet hat.

»Mein Großvater hatte ein großes Wissen, das mich sehr beeindruckt hat. Er hat immer geschaut, wie der Enzian steht und wie die Berge aussehen. Anhand dieser Informationen konnte er voraussagen, wie das Wetter wird. Und wenn er festgestellt hat, dass es mittags um elf Uhr regnen wird, dann hat es auch um elf Uhr geregnet«, erzählt Rita lachend.

»Mein Großvater war ein Mensch, der auf der einen Seite sehr bei sich und auf der anderen Seite fest in sein System eingebunden war. Er hatte Sicherheit und den Überblick, was jetzt gerade wichtig ist. Was ich von ihm gelernt habe, sind sicher nicht verbindliche Wettervorhersagen. Aber ich weiß seitdem, wie wichtig es ist, das Wetter in den Bergen im Blick zu behalten. Das ist beim Unterwegssein im Gebirge von enormer Bedeutung.

Für mich hat das zwei Ebenen: Ich habe gelernt, Fähigkeiten zu erwerben, die mir helfen, wenn ich in den Bergen bin. Und ich habe eine gewisse Demut entwickelt. Denn wenn das Wetter umschlägt, habe ich das nicht in der Hand. Ich muss mich dem fügen. Es gibt daher immer wieder Momente, in denen ich erkennen muss, dass es Zeit ist umzukehren – auch wenn ich mir noch so sehr vorgenommen hatte, diesen Berg zu besteigen. Da braucht es also wieder Balance. Zum einen das Gefühl von Selbstwirksamkeit: Ich kann etwas, ich weiß, was ich mir zutrauen kann und welche Fertigkeiten ich habe. Gleichzeitig habe ich Respekt vor den Gegebenheiten, die nicht in meiner Hand liegen. Das ist für mich eine Form von Resilienz: Seine Fähigkeiten zu kennen – und die eigenen Grenzen. Wichtig ist dann noch die Frage: Wie gehe ich mit Scheitern um?« Ritas Augen wandern kurz nach oben, als würde sie sich ihre letzten Bergerlebnisse vor ihrem geistigen Auge ansehen.

»All das kann man wunderbar in den Bergen lernen. Da bekommst du nämlich unmittelbar Rückmeldung. Wenn ich so darüber nachdenke, merke ich, dass ich sehr dankbar dafür bin, so viel dort unterwegs sein zu können.«

Rita atmet tief durch und erzählt dann noch ein wenig

mehr über ihren Großvater und ihre Zeit als Kind in den Bergen: »Mein Opa war im Ersten Weltkrieg. Damals war er ein Bauernbub. Viele aus seinem Regiment sind ums Leben gekommen. Er selbst wäre auch beinahe gestorben. Man hatte ihn schon zu den Toten gelegt. Irgendjemand hat dann gesehen, dass der Junge noch zuckt. Das hat ihn gerettet. So führte er auch sein Leben: mit einem unglaublichen Willen. Er hat sich nicht kleinkriegen lassen. Er hatte etwas beinahe Militärisches an sich. Seine Kühe auf der Alm sind alle immer in Reih und Glied gegangen. Ich weiß nicht, wie er das geschafft hat.« Sie überlegt einen Moment.

»Ich hatte vor meinem Opa großen Respekt und auch ein bisschen Angst. Aber er hatte auch ganz weiche Seiten. Wenn ich mich an ihn erinnere, dann denke ich an seine Hosen aus grobem Wollstoff, die sicherlich fürchterlich gekratzt haben. Er hat immer warmes Bier mit Ei getrunken. Frühmorgens ist er losgezogen, hat Wege gebaut, Tiere versorgt, alles getan, was in den Bergen notwendig und sinnvoll war. Wir, seine Enkel – das waren an die 15 Kinder – bekamen Aufgaben: Wir mussten Blaubeeren pflücken, Käse raustragen oder Brot holen. Viel Zeit zum Spielen blieb da nicht, wenn ich in den Ferien bei meinem Opa war. Das fand ich manchmal blöd. Freunde von mir sind in dieser Zeit nach Italien ans Meer gefahren, und wir mussten auf der Alm Kühe hüten oder den Männern eine Brotzeit bringen. Was ich als Kind hingegen toll fand, war zum Beispiel, mit nackten Zehen in einen warmen Kuhfladen zu treten und zu beobachten, wie der Mist zwischen den Zehen nach oben quillt«, erinnert sich Rita und lacht auf. »Das kann ich mir heute nicht mehr vorstellen. Als Kind hatte ich dort in den Bergen ganz viele Freiheiten. Uns wurde etwas zugetraut. Wir sind auf Bäume geklettert und sind auf Felsen hinter Wasserfällen gekraxelt. Einmal trug mir mein Großvater auf – da war ich vielleicht sechs oder sieben Jahre alt –, eine Kuhherde auf die Almwiese zu treiben. Im Nachhinein muss ich sagen, dass die Kühe gar keine andere Wahl hatten, als dem vorgegebenen Weg, der links und rechts von einem Zaun begrenzt war, zu folgen.« Rita streicht sich eine Haarsträhne hinters Ohr. »Aber als Kind war ich unglaublich stolz, dass es mir gelungen ist, diese Aufgabe zu meistern. Uns Kindern wurde viel Vertrauen entgegengebracht. Dieses Vertrauen habe ich jetzt als Erwachsene bei meinen Bergtouren mit im Gepäck. Dafür bin ich sehr dankbar.«

Das ist ein weiterer Aspekt, der stärkt, denke ich. Denn wer dankbar ist, erinnert sich an positive Situationen, lenkt seine Gedanken auf die Dinge, die gut gelaufen sind. Und wird dadurch stärker. Gespannt höre ich zu, als Rita fortfährt.

»Woran ich mich auch erinnere: Mittags saßen wir immer alle zusammen und haben gemeinsam gegessen«, erzählt sie. »Rückblickend war das eine ganz wertvolle Zeit für mich. Ich habe erlebt, wie es gehen kann, gemeinsam in der manchmal unwirtlichen Bergwelt zu bestehen. Diese Erfahrung prägt mich und wirkt nach, wenn ich zum Beispiel mit Gruppen in den Bergen unterwegs bin. Mir ist es wichtig, dass man bei gemeinsamen Wanderungen aufeinander schaut, dass man zusammen Pause macht und gemeinsam isst. Am Ende entsteht so das beglückende Gefühl, etwas zusammen geschafft zu haben.«

Das Almleben war lange Zeit fester Bestandteil in Ritas Leben. Als ihre mittlerweile erwachsenen Töchter klein waren, haben auch sie viel Zeit oben auf dem Berg verbracht. Inzwischen ist Ritas Opa längst gestorben. Sie erzählt, dass sie die Hütte ihres Großvaters manchmal vermisst. »Aber die Arbeit, die man in das Almleben stecken muss, vermisse ich nicht«, sagt sie.

Rita verbindet ihr Wissen als Psychologin mit ihrer Bergkompetenz und teilt beides in Kursen mit anderen Menschen. Sie hat also nicht nur eigene Bergerfahrungen, auf die sie zurückgreifen kann, sondern zudem Erlebnisse mit Gruppen am Berg. »Am vergangenen Wochenende hat eine junge Frau an meinem Kurs teilgenommen, die kam mit zwei Rucksäcken an. Sie meinte, sie würde all die Dinge, die darin sind, benötigen. Einen Rucksack wollte sie vorne, den anderen auf dem Rücken tragen. Bevor wir losgegangen sind, habe ich mit ihr gemeinsam aussortiert. Ich habe ihr vorgeschlagen, es einfach einmal auszuprobieren, sich zu beschränken. Ich musste wirklich hart mit ihr verhandeln«, meint Rita und schmunzelt.

»Als wir losgegangen sind, hat mir die Frau erzählt, sie hätte große Angst davor, dass sie stürzen könnte. Und so ist sie dann auch gegangen: Wenn es steil nach unten ging, hat sie sich nach vorne gebeugt. Und der schwere Rucksack auf ihrem Rücken hat noch mehr geschoben. Ich habe versucht, immer vor ihr zu gehen, damit ich sie auffangen kann, wenn sie das Gleichgewicht verliert. Wir haben zusammen geübt, wie sie gehen kann, damit sie sich sicher fühlt. Nach und nach konnte sie ein bisschen von ihrer Angst loslassen. Es geht also in den Bergen im wörtlichen und im übertragenen Sinn darum, welche Haltung ich habe. Wenn man hier bewusst unterwegs ist und sich selbst beim Gehen beobachtet, kann man sehr viel über sich selbst erfahren – und davon im Alltag und im Leben profitieren.«

Ich möchte noch ein wenig mehr über Ritas Bergerlebnisse erfahren, daher frage ich nach: »Berge standen bei dir ja lange in Verbindung mit Arbeit. Wann und wie bist du eigentlich zum Bergwandern und Bergsteigen gekommen?«

»Ich wollte schon immer gerne Hochtouren gehen. Das konnte ich nicht allein, denn man braucht für die meisten

Strecken eine Seilschaft. Deshalb bin ich zum Alpenverein gegangen – wo ich übrigens auch meinen jetzigen Mann kennengelernt habe«, erzählt Rita. »Ich habe eine Ausbildung zur *Trainerin C für Bergsteigen*. Da leite ich leichte Hochtouren und das Bewältigen von Klettersteigen an. Ich bin keine Bergführerin, sondern Ausbilderin. Wenn ich mit Gruppen gehe, dann versuche ich immer, etwas unter meinen Möglichkeiten zu bleiben, damit ich noch Ressourcen habe. An mein Limit gehe ich dann, wenn ich allein oder mit meinem Mann unterwegs bin. Wir beide haben übrigens nach einer sehr schweren Bergtour im Wallis, die wir gemeinsam geschafft haben, beschlossen zu heiraten«, meint Rita und erzählt mit ernster Stimme weiter. »Die Tour damals war eigentlich viel zu lang. Unterwegs habe ich mir den Fuß verknackst. Kurz vor dem Abstieg wurde es plötzlich gewittrig. Wir haben deshalb beschlossen, über einen kurzen, aber steilen Grat abzusteigen. Unter uns war ein Schnee-Eis-Feld, das wir bewältigen mussten. Von oben gab es immer wieder Steinschläge. Wir mussten schließlich mit Pickel und Steigeisen den Steilhang queren. Der Untergrund war schon total sulzig. Irgendwann haben wir ganz pragmatisch beschlossen, dass wir nicht am Seil gehen, damit nicht einer den anderen mitreißt, wenn er abstürzen sollte. So hätte wenigstens einer die Chance zu überleben. Solche Gespräche haben wir geführt«, sagt Rita und klingt dabei etwas atemlos.

»Irgendwann gingen im Tal die Lichter an. Dann wurde der Abstieg einfacher. Schließlich haben wir es geschafft, gesund unten anzukommen. Mir ist bewusst, dass wir damals viele Schutzengel hatten. Es war großes Glück, heil heruntergekommen zu sein. So ein Risiko würde ich heute auf keinen Fall mehr eingehen. Bemerkenswert war, dass keiner von uns dem anderen danach einen Vorwurf gemacht hat. Wir hatten zwar einige Fehlentscheidungen getroffen, aber als Team richtig gut zusammengearbeitet. Und dann war auf einmal klar: Wir werden heiraten. Ein Jahr später war es dann so weit.«

Ich merke, dass ich eine Gänsehaut bekommen habe. Mir ist schlagartig bewusst, dass ich mir Zeit für eine gute Planung meiner Alpenüberquerung nehmen muss. Und natürlich, dass ich nur Etappen gehen werde, die meinen Möglichkeiten entsprechen.

»Ich würde jedem raten, beim Berggehen gut mit sich im Kontakt zu sein«, gibt Rita mir noch mit auf den Weg. »Ich finde, eine Alpenüberquerung ist etwas ganz Besonderes. Es ist eigentlich egal, auf welchen Berg du gehst: Genieße es, unterwegs zu sein! Mach das Beste aus Situationen, in denen es nicht so funktioniert, wie du es dir vorgestellt hast! Als Bergfrau gebe ich dir mit: Bereite dich gut vor, übe vorher regelmäßig, überprüfe, wie viel Gepäck du brauchst. Und als Psychologin rate ich dir: Lass dich auf den Weg ein. Es ist sehr anspruchsvoll, auf einen Berg zu gehen. Mach keinen Aufstieg für ein gutes Foto, sondern sei präsent, geh bewusst und sei gut in Balance.«

ÜBEN VOR DEM GROSSEN WEG

Natürlich wäre es vermessen, eine Alpenüberquerung – so einfach sie häufig auch beschrieben wird – ohne jegliche Bergerfahrung anzugehen. Ich war schon oft in den Bergen unterwegs, allerdings noch nie viele Tage am Stück mit dem nötigen Gepäck auf dem Rücken. Mir ist klar, dass ich das im Vorfeld auch nicht schaffen werde. Aber ein paar Tagestouren will ich dennoch einplanen, um ins Training zu kommen. Ich nehme mir also Ritas Rat zu Herzen und gehe vor meiner Alpenüberquerung noch einige Bergtouren.

Die erste Wanderung startet in einem Gebiet, in dem ich mich gut auskenne. Gemeinsam mit einer Freundin will ich im Bayerischen Wald von Reitenstein über den Kaitersberg bis zu den Rauchröhren gehen. Knapp 600 Höhenmeter sind auf unserem 14 Kilometer langen Weg zu bewältigen.

Es ist ein sonniger Tag. Als wir aus dem Auto steigen, sehen wir, dass noch etliche andere Menschen das schöne Wetter nutzen wollen. Wir nehmen uns darum viel Zeit, um unsere Wanderstiefel zu schnüren und so einige kleine Grüppchen und Paare vorzulassen. Erst geht es im Wald moderat bergauf. Der Weg ist breit, und Bäume versperren die Sicht nach rechts und links. Dann führt ein wurzeliger Pfad einen Hang hinauf. Vor uns tauchen hohe Felsblöcke auf, die aussehen, als hätte sie eine riesige Hand willkürlich in der Landschaft fallen lassen. Nach einem moderaten Aufstieg taucht schließlich der Kreuzfelsen vor uns auf. Der Gipfel kratzt mit seinen 999 Metern knapp an der Tausendermarke. Kurz unter dem Gipfelkreuz stehen wir staunend vor einem metallenen Wegweiser, der in alle Himmelsrichtungen weist und anzeigt, wie weit es von hier nach Bad Kötzting, Prag oder Madrid ist. Auf den Berg zu gehen kann uns erkennen lassen, dass es Wege, Perspektiven und Ziele gibt, an die man noch gar nicht gedacht hat, kommt mir in den Sinn. Das versuche ich mir zu merken, dann konzentriere ich mich wieder aufs Gehen. Die letzten Meter hoch zum Gipfel sind etwas anspruchsvoll. Wir balancieren über abschüssige, glatte Felsen, die mit einem Stahlseil gesichert sind. Die kleine Mühe lohnt sich, denn als wir oben angekommen sind, präsentiert sich uns ein Blick ins Tal und zu den umliegenden Bergen, der das Wort *traumhaft* verdient hat. Leichter Dunst trübt unseren Weitblick, der bei klarem Wetter bis zu den Alpen reicht.

Nachdem wir einige Zeit auf einem angewärmten Felsen Platz genommen haben, um einfach nur zu schauen und zu genießen, setzen wir unseren Weg fort. Er führt uns weiter bergauf bis zum 1034 Meter hohen Mittagsstein. Hier ersetzt eine steinerne Überdachung mit Glockenturm das Gipfelkreuz. Wir schauen in die Tiefe. Unter uns liegt das Steinbühler Gesenke, in dem wieder Luchse heimisch sein sollen. Von hier aus sind es nur noch wenige hundert Meter bis zur Kötztinger Hütte. Sie liegt auf dem Bergkamm des Kaitersberg und lädt zu einer Rast ein. Auf der schönen Terrasse mit wundervollem Ausblick suchen wir uns einen Sonnenplatz, bestellen Essen und Getränke und spüren dem wohligen Gefühl nach, das sich nach dem Aufstieg beim Ausruhen einstellt. Pausen sind wichtig – nicht nur für die körperliche Regeneration. Ich nehme mir vor, das bei meiner bevorstehenden Alpenüberquerung zu berücksichtigen.

Nach einer Dreiviertelstunde sind wir gestärkt und erholt. Wir brechen auf, um weiter zu den Rauchröhren zu gehen. Der Weg dorthin verleitet dazu, den Blick immer wieder nach rechts zu wenden, wo sich die Ebene ausbreitet. Doch die Felsen und Wurzeln unter unseren Füßen verlangen Konzentration, und so müssen wir immer wieder stehen bleiben, um zu schauen, ohne dabei zu stolpern. Ich muss an Rita denken. Natürlich hat sie recht: Berggehen ist anspruchsvoll! Ein Blick zurück lässt in der Ferne die Kötztinger Hütte malerisch zwischen Nadelbäumen auf einem Hügel erkennen. Nun geht es in stetigem Auf und Ab weiter. Schließlich treffen wir auf einen Wegweiser, der eine einfache und eine schwierige Route zu den Rauchröhren anzeigt. Für den Hinweg entscheiden wir uns für die leichte Variante und heben uns die anspruchsvollere Route für den Rückweg auf.

Nach kurzer Zeit stehen wir dann wirklich vor unserem heutigen Tagesziel: den Rauchröhren. Der Name der beeindruckenden Felsformation geht auf den Dreißigjährigen Krieg zurück. Damals flohen die Menschen aus dem Tal herauf, um sich zu verstecken. Damit der Schein des Feuers sie nicht verriet, zündeten sie es zwischen den Felssäulen an. Von hier aus zog der Rauch nach oben und war namensgebend für die Felsen. Heute sind die Rauchröhren ein beliebtes Klettergebiet, das wird uns deutlich, als wir näher kommen. An den schroffen Felswänden stellen sich etliche Kletterbegeisterte der Herausforderung. Wir bleiben stehen und sehen staunend zu.

Eine Frau hat beinahe das Gipfelplateau erreicht. Scheinbar mühelos hängt sie ihr Sicherungsseil um und schwingt ihr Bein zum nächsten Felsvorsprung hoch. Unten steht ein Mann, der konzentriert nach oben blickt und die Kletterin sichert. Gebannt beobachten wir jede der Bewegungen der Frau. Schließlich ist sie oben angekommen, gibt kurz ein Handzeichen zu ihrem Sicherer und lässt sich am Seil nach unten gleiten, indem sie sich immer wieder mit den Füßen vom Felsen abstößt.

Direkt vor uns legen eine Frau und ein Mann ihr Seil ab. Beide haben Klettergurte an. Ich beobachte, wie der Mann mit einem seltsamen Greifarm das Seil in die unterste Öse hängt, die in der Felswand angebracht ist. Dann beginnt er mit seinem Vorstieg, bei dem er das Seil bis nach oben mitnimmt. Die Frau hält es fest, während der Mann versucht, einen ersten guten Tritt zu finden. Mit angehaltenem Atem sehe ich dabei zu, wie der Mann in rasantem Tempo den Felsen hochklettert und das Seil an verschiedenen Stellen mit einem Karabinerhaken befestigt. Dabei rutscht sein rechtes Hosenbein hoch. Ich erkenne, dass er eine Beinprothese trägt. Doch die scheint ihn keineswegs zu behindern. Was sich mir als unüberwindbar darstellt, wirkt bei ihm wie ein gemütlicher Spaziergang – nur vertikal statt horizontal. Er hangelt sich noch ein Stück nach oben. Dann hat er den höchsten Punkt erreicht, an dem er das Seil ein letztes Mal einhängt. Nach dem Abseilen trete ich näher. Ich kann nicht anders: Ich muss den Mann einfach ansprechen.

»Günther Grausam. Grausam wie schrecklich«, stellt er sich vor und ist sofort bereit, mit mir über seine Erfahrungen in den Bergen und bei der Bewältigung von Höhen und Tiefen zu sprechen. Wir verabreden uns für den nächsten Tag – heute ist keine Zeit, weil das Wetter viel zu schön ist, um es nicht fürs Klettern zu nutzen.

Nachdem wir den Kletterern noch ein wenig zugesehen haben, treten meine Freundin und ich den Rückweg an. Diesmal nehmen wir die schwierige Route, die zwischen den Rauchröhren hindurchführt. Wir müssen jetzt selbst etwas klettern, hohe Felsstufen überwinden und genau bei der Sache sein. Schließlich geht es gemächlich bergab. Beschwingt von der Begegnung und der Bewegung und voller Vorfreude auf den nächsten Tag geht es anschließend nach Hause.

WEITERMACHEN! DAS LEBEN IST ZU SCHÖN, UM AUFZUGEBEN

Gespräch mit Günther, Vizeweltmeister im Speedklettern

Am Abend nehme ich mir Zeit, um herauszufinden, wer meine Zufallsbekanntschaft bei den Rauchröhren eigentlich ist. Und ich staune nicht schlecht, als ich bei meiner Suche im Internet erfahre, dass Günther 2011 Vizeweltmeister im Paraclimbing in der Disziplin Speedklettern war. Außerdem war er lange Zeit im deutschen C-Nationalkader der Rennradfahrer. Ich bin mehr als beeindruckt – ich werde morgen einen medaillendekorierten Sportler besuchen!

Begeistert mache ich mich am nächsten Tag auf den Weg nach Niederbayern. In der Nähe von Passau, keine fünf Kilometer von der deutsch-österreichischen Grenze entfernt, treffe ich mich mit Günther. Er hat mich zu sich nach Hause eingeladen. Als ich ankomme, öffnet der drahtige Kletterer mir die Tür und bittet mich herein. Wir nehmen in seiner Küche auf einer modernen, aber gemütlichen Eckbank Platz. Günthers Partnerin Nicole, die nicht nur ihr Leben, sondern auch ihre Leidenschaft fürs Klettern und Radfahren mit ihm teilt, gesellt sich zu uns.

»Wenn ich dabei sein darf?«, meint sie. »Mich interessiert nämlich, was Günther dir so alles erzählt«, fügt sie augenzwinkernd hinzu.

Günther nickt und überlegt, wo er anfangen soll. Er erzählt von seiner Lehre als Werkzeugmechaniker, der Meisterprüfung und von seiner Bundeswehrzeit, die er bei den Gebirgsjägern in Bad Reichenhall absolviert hat. »Dort habe ich meine Liebe zu den Bergen und zum Bergsport entdeckt. Wir hatten die Aufgabe, Wanderwege instand zu setzen. Einmal wöchentlich haben wir eine Alm versorgt und uns um die Tiere gekümmert. Als dann die Bundeswehrzeit vorbei war, habe ich angefangen, mit einem Freund Bergwanderungen und Skitouren zu machen. Wir sind da mit den alten Männern mitgegangen. Junge Leute haben damals noch keine Skitouren gemacht.«

Günther klingt amüsiert, als er weiterspricht: »Ich habe da ganz schön Lehrgeld gezahlt. Am Abend vor meiner ersten Skitour war ich mit Freunden unterwegs. Es wurde natürlich spät. Am nächsten Tag habe ich dann erst mal dumm geschaut, als der Wecker frühmorgens klingelte. Ich dachte aber, das wird eine ganz lockere Tour. Erst sind wir beiden Jungen – also mein Freund und ich – vorangelaufen. Doch nach und nach überholten uns alle Alten. Irgendwann kamen wir endlich bei einer Hütte an. Ich war froh, dass ich es bis dahin geschafft hatte. Doch die Alten meinten, jetzt wäre Halbzeit und es würde noch einmal so weit nach oben gehen. Ich dachte mir: Das schaffe ich nie! Aber ich habe nicht aufgegeben.«

Eine kleine Geschichte nur, denke ich, aber vermutlich ist es genau diese Haltung, dieses nicht Aufgeben, die es Günther später erleichtert hat, mit seiner Behinderung zu leben.

»Schließlich bin ich immer wieder mitgegangen und es hat mir auch immer besser gefallen«, fährt er fort. »Irgendwann bin ich zum Klettern gekommen. Der Alpenverein kam auf mich zu und schlug mir vor, Ausbilder – also Tourenführer – zu werden. Die Ausbildung war lang und intensiv: Wir haben auf Felsen und auf Eis trainiert. Mit Mitte zwanzig habe ich schließlich meine Ausbildung abgeschlossen.

Im selben Jahr im Herbst hatte ich einen Arbeitsunfall. Ein Gabelstapler fuhr über mein rechtes Bein, und ich konnte mich nicht befreien. Mit dem Hubschrauber wurde ich nach München in eine Klinik geflogen. Dort haben sie mir meinen Unterschenkel amputiert. Ich war monatelang im Krankenhaus.

Anfangs dachte ich mir: Berggehen kann ich jetzt vergessen. Das hat sowieso keinen Sinn mehr. Kurz nach der OP – da lag ich noch auf der Intensivstation – kam ein junger Pfleger an mein Bett und versuchte mich zu motivieren, aufzustehen. Ich wollte nicht, denn alles tat weh. Und ich war überzeugt, dass ich das auch nicht kann. Aber er ließ nicht locker. Das hat mir geholfen. Ich habe gemerkt, dass ich eigentlich Glück hatte: Durch die Art der Verletzungen war es schwierig, einen Teil meines Unterschenkels zu erhalten. Ich wurde stundenlang operiert, und die Ärzte haben alles versucht, damit ich mein Knie behalten kann. Und es hat geklappt. Dann brauchte es noch mehrere Hautverpflanzungen. Ich kann mich noch erinnern, dass die ersten Verbandswechsel der blanke Horror waren. Einmal war es so schlimm, dass ich dabei bewusstlos wurde. Das Gute war, dass ich sofort in die richtige Klinik geflogen worden war. In einem kleinen Landkrankenhaus hätten sie vielleicht nicht gewusst, wie sie damit umgehen sollen.« Günther zuckt mit den Schultern. Es hätte auch anders ausgehen können, meint er.

»Irgendwann konnte ich mich wieder aufraffen und habe Mut gefasst. Ich wollte mich in keinen Rollstuhl setzen, sondern habe gleich gelernt, mit Krücken zu gehen. Damals hatte ich auch noch keine Prothese, denn die Amputationswunde war noch viel zu geschwollen.«

Günther erzählt weiter: »Ich hatte einen Freund, der hat bei einem Mopedunfall seinen Oberschenkel verloren. Von dem wusste ich, dass es hier in der Gegend eine Fachklinik für Menschen mit Amputationen gibt. Und dass der Chefarzt selbst beinamputiert ist und trotzdem Ski fährt. Dorthin bin ich dann zur Reha. Das war aber erst einmal ziemlich ernüchternd, denn die Patienten in der Klinik waren durchweg alt und krank – und viele von ihnen nicht sehr zuversichtlich, was ihre Zukunft anging. Ich war der einzige junge Mensch. Und ich wollte mich nicht runterziehen lassen, sondern etwas unternehmen. Ich habe dann nicht nur meine verordneten Reha-Anwendungen gemacht, sondern bin darüber hinaus auch in den Kraftraum gegangen und habe trainiert.«

Nicole unterbricht: »Einmal hast du doch eine Krankenschwester überredet, dass sie dich in die Kletterhalle fährt«, sagt sie kopfschüttelnd. Da ist sie also: Günthers Energie, Probleme anzugehen.

»Mein Glück war, dass ich schon vorher ziemlich fit war. Deshalb hat das Gehen mit der Prothese schnell funktioniert, als dann endlich alles abgeheilt war. Das hat natürlich gedauert«, erzählt der Kletterer weiter.

Ich bin beeindruckt davon, wie häufig Günther von Glück spricht. »Das ist eine ziemlich positive Sicht auf die Dinge«, werfe ich ein. »Du neigst nicht gerade zum Schwarzsehen.«

»Ich habe mir gedacht: Ich bin noch jung. Deshalb ergibt es doch mehr Sinn, zu überlegen, was ich noch tun kann und nicht, was nicht mehr geht«, meint er. »Dass plötzlich nichts mehr gehen soll, habe ich einfach nicht hingenommen.«

Was Günther in dieser Zeit geholfen hat, war sein Freundeskreis, erzählt er. »Ich bin an den Wochenenden, wenn ich von der Reha beurlaubt und zu Hause war, auf Krücken mit in die Disco gegangen. Da habe ich die Bestätigung bekommen: Es geht noch was! Natürlich gab es auch immer wieder Rückschläge. Aber ich habe nicht aufgegeben.«

Auch wenn man das nicht vergleichen kann, denke ich dennoch an meine bevorstehende Alpenüberquerung. Ich merke, wie wichtig es ist, Menschen an seiner Seite zu haben, um Schwierigkeiten zu bewältigen. Aber ich werde allein unterwegs sein. Der Gedanke beunruhigt mich kurz, doch ich schüttle ihn ab und konzentriere mich wieder ganz auf Günther.

»Ich war schon aus der Reha entlassen. An einem Wochenende habe ich einen älteren Freund gefragt, ob er mich zum Tourengehen mitnimmt. Der wusste natürlich nicht, was da auf ihn zukommt – und ich auch nicht. Die Tour war eine einzige Katastrophe. Raufgehen ging einigermaßen. Aber als wir abgefahren sind, hat es mich bei jedem Schwung geschmissen. Der eine Ski fuhr in die eine, der andere Ski in die andere Richtung. Ständig war ich dabei, meine Prothese neu zu positionieren.«

Aber Günther ließ sich nicht entmutigen. »Ich dachte, irgendwie werde ich da schon wieder reinkommen. Ich habe dann auf einfachen Pisten und mit kürzeren Skiern rumprobiert.«

Er überlegt kurz. »Ich erinnere mich noch, dass ich in diesem Winter mit Freunden sogar schon einmal beim Eisklettern an einem Wasserfall war. Das hat noch nicht so gut funktioniert, aber ich konnte erste Erfahrungen sammeln und so meinem Prothesenbauer Rückmeldung geben, was ich brauche und wie man was optimieren könnte. Wir haben gemeinsam rumgetüftelt.«

»Woher nimmst du deine Stärke? Die Kraft, Dinge anzupacken, auch wenn sie gerade alles andere als gut sind?«, will ich von Günther wissen. Denn genau das ist es ja, was man als Resilienz bezeichnet: Nicht an Widrigkeiten zu zerbrechen, sondern weiterzumachen, sich nicht unterkriegen zu lassen.

Er überlegt einen Moment, bevor er antwortet: »Ich glaube, ich war vor meinem Unfall schon ziemlich gelassen. Und mir war klar, dass ich nicht den Rest meines Lebens rumhängen und einfach aufgeben wollte. Außerdem konnte ich den Arbeitsunfall irgendwann loslassen. Mich hatte ein Kollege überfahren. Der hat mich später auch besucht. Und ich habe ihm gesagt: ›Ich gebe dir an dem Unfall keine Schuld. Denn so etwas macht ja niemand absichtlich.‹ Schuldzuweisungen hätten keinen von uns beiden weitergebracht. Und an der Situation hätte es auch nichts geändert. Für ihn war das alles auch nicht einfach. Wir sind uns bei der Arbeit auch immer mal wieder über den Weg gelaufen.«

Günther erzählt, dass sein Wiedereinstieg in den Beruf nach seinem Unfall gedauert hat. Erst war er lange krankgeschrieben, dann folgte eine Wiedereingliederungsmaßnahme. Auch das Wiederaufnehmen des Bergsports war ein langer Weg.

»Ich habe alles ausprobiert: ein bisschen wandern, ein wenig klettern. Bergabgehen war und ist nach wie vor schwierig. Dennoch haben die Berge immer noch einen großen Reiz für mich. Ich habe festgestellt, dass Fahrradfahren trotz meiner Behinderung ganz gut funktioniert. Mit meinen Freunden habe ich schließlich eine Alpenüberquerung mit dem Mountainbike gemacht. Bald darauf folgte mein erstes Mountainbike-Rennen in Saalbach-Hinterglemm. Dort hat mich ein Paralympic-Medaillengewinner angesprochen, ob ich nicht Lust hätte, Rennrad-Rennen zu fahren. Im folgenden Frühjahr bin ich schließlich bei den Bayerischen Meisterschaften mitgefahren. Da war ich nicht besonders erfolgreich, aber ich habe Leute kennengelernt, die so richtig fit waren – und die haben mich stehen lassen wie nichts.«

Ich kann mir denken, was jetzt kommt: Sein Ehrgeiz war geweckt! Er gibt mir recht: Er trainierte weiter, kam schließlich in den Nationalkader der paralympischen Rennradfahrer.

Während dieser Zeit sind Günther und Nicole, die auch begeistert Rennrad fährt, ein Paar geworden. Das intensive Rennradfahren hat Günther irgendwann aufgegeben, weil er merkte, dass der Sport kaum Zeit für anderes ließ – auch nicht fürs Berggehen und Klettern. Zum Paraclimbing ist er dann durch Zufall gekommen.

»Ich war in Arco am Gardasee. Dort habe ich ein Plakat für die Weltmeisterschaft im Klettern gesehen. Es gab auch die Möglichkeit, als Versehrter mitzumachen – soweit ich das verstanden habe. Das Plakat war auf Italienisch, und das kann ich nicht wirklich. Um daran teilzunehmen, musste man von einem Verband nominiert werden. Wieder zu Hause, habe ich beim Alpenverein angerufen und gefragt, wie das mit dem Paraclimbing sei. Die Frau meinte: ›Mit *Paragliding* haben wir nichts zu tun. Wir kümmern uns nur um Bergsport.‹« Er lacht.

»Ich musste ihr erst erklären, was Paraclimbing ist. Davon hatte sie keine Ahnung. Sie hat mich dann weiterverwiesen. An anderer Stelle traf ich schließlich auf offene Ohren. Der Alpenverein hat mich letztendlich angemeldet. Sonst musste ich mich aber um alles selbst kümmern. Ich habe mir ein Zimmer besorgt und bin also mit einem Freund 2011 zur Weltmeisterschaft nach Arco gefahren. In der Disziplin Speedklettern habe ich die Silbermedaille geholt. Ich war einige Jahre im Wettkampfklettern aktiv, bei einigen Weltmeisterschaften mit dabei. Ich habe Kletterer aus der ganzen Welt kennengelernt.«

Günther überlegt kurz, bevor er fortfährt: »Das war eine gute Zeit. Aber der Aufwand war auch wieder ziemlich groß. Deshalb hat es sich für mich irgendwann erledigt. Vor rund vier Jahren habe ich aufgehört. Jetzt klettere ich nur noch zum Spaß.«

Günthers Freundin Nicole ist über ihn zum Klettern gekommen. Zuerst haben sie zusammen in der Kletterhalle trainiert. »Das Schöne am Klettern ist, dass man ziemlich schnell besser wird, dass man schnell Fortschritte macht«, erzählt sie. »Aber dann stagniert es irgendwann. Über den Punkt musst du dann einfach drüberkommen.« Die ersten Handgriffe für das Klettern am Berg habe ihr Günther gezeigt. »Im Wohnzimmer haben wir an einem Türgriff den Standplatzbau geübt. Günther hat versucht, mir zu erklären, wie man was wo einhängt. Ich habe erst mal nichts verstanden«, erzählt Nicole. »Aber am nächsten Tag am Berg hat es dann zum Glück funktioniert.«

Mittlerweile klettern die beiden zusammen. Das wirkt sich auch auf ihre Partnerschaft aus. »Beim Klettern muss man klar kommunizieren. Und man sollte sich blind vertrauen können. Das lässt sich gut in die Partnerschaft übernehmen«, da ist sich Nicole sicher. Und Günther stimmt ihr zu.

»Günther ist am Berg wie auch in unserer Partnerschaft eigentlich durch nichts aus der Ruhe zu bringen«, fügt sie noch an.

»Na, ich weiß nicht ...«, meint Günther und zuckt mit den Schultern. »Ich habe es halt nicht so mit Jammern«, sagt er dann ganz ohne Pathos.

ERFAHRUNGEN MIT TIEFE SAMMELN

In den folgenden Wochen höre ich mir immer wieder Podcastfolgen von Bergmenschen an, um mich einzustimmen und inspirieren zu lassen. Und ich gehe noch einige weitere Touren im Bayerischen Wald, dem Mittelgebirge vor meiner Haustür. Ich steige auf den Hirschenstein, den Pröller, den Rachel und den Lusen. Ich bin im Mangfallgebirge in den Bayerischen Voralpen unterwegs, denn ich möchte mir vorab die Gegend, in der ich bei der Alpenüberquerung losgehen werde, genauer ansehen. Erst gehe ich vom Tegernsee aus auf den Wallberg. Dann wandere ich von Schliersee auf die 1669 Meter hohe Bodenschneid. Der Weg nach oben über beinahe 900 Höhenmeter fordert Ausdauer und Kraft. Meine Mühe während des Aufstiegs zum Gipfel wird erst durch einen Weitblick bis zum Wendelstein und zum Tegernsee im Tal bei herrlichstem Sonnenschein belohnt – danach wartet ein wundervoller Kaiserschmarrn im Bodenschneid-Haus auf mich. Das Pausemachen trainiere ich also ebenso gewissenhaft wie das Berggehen.

Anschließend treffe ich mich mit meiner Tochter, die in

Salzburg lebt, und fahre mit ihr zum Üben nach Oberösterreich. Direkt an das Salzburger Land grenzt der Mondsee. Von Sankt Lorenzen aus geht es auf den Almkofel. Es ist ein seidiger Tag: Warme Luft streicht sanft über mein Gesicht. Das milchige Licht zeichnet die Konturen der Umgebung weich.

Insgesamt sind bei der Wanderung recht überschaubare 500 Höhenmeter zu bewältigen, allerdings auf nur sechs Kilometern, was bedeutet, dass es steile Abschnitte geben wird. Also wird die Bergtour sich vermutlich zum Üben von Trittsicherheit und Schwindelfreiheit gut eignen, denke ich mir. Erst geht es auf einem Waldweg für einige hundert Meter mit mäßiger Steigung los. Dann wird es steil – nicht ein bisschen und auch nicht mit Auf und Ab. Nein, es geht über rutschige Wurzeln und Steinstufen kompromisslos nach oben. Auf der einen Seite der bewaldete Hang, auf der anderen Seite der Abgrund. Auch wenn es genau das ist, was ich mir zum Üben gewünscht habe, kostet es mich doch Mühe, das Steilstück zu überwinden.

Plötzlich rutscht meine Trinkflasche aus der seitlichen Tasche meines Rucksacks. Sie prallt ein paar Mal leise klirrend auf den Boden, wird von einem Baum in der Richtung korrigiert und rollt dann ungebremst den Abhang hinunter. Ich sehe ihr nach und halte den Atem an. In meinem Kopf tauchen Bilder auf: solche, in denen mein Fuß nicht ausreichend Halt findet, solche, in denen ich statt der Flasche … Ich merke, wie mein Herz hart gegen meine Brust schlägt. Unwillkürlich überlege ich, ob mich so ein Schreck aus der Bahn werfen würde, wäre ich jetzt ganz alleine unterwegs. Wie es um meine Gelassenheit bestellt ist, wenn beim Berggehen etwas Unvorhersehbares passiert. Welche Strategien ich habe, um mich dann wieder zu regulieren. Nur mühsam gelingt es mir, diese Gedanken wegzudrängen.

»Gut, dass das deine Flasche war und nicht du«, meint meine Tochter und hilft mir damit, langsam wieder runterzufahren. Dann fällt mir ein, dass ich jetzt kein Wasser mehr habe. Meine Tochter scheint meine Gedanken lesen zu können. »Du kannst bei mir mittrinken. Wenn wir uns mein Wasser einteilen, reicht es für uns beide.«

Ich nicke dankbar. Wir gehen weiter. Ich konzentriere mich wieder auf meine Schritte. Versuche, im Hier und Jetzt zu sein, was mir auch nach und nach gelingt. Das Gelände bleibt anspruchsvoll, weshalb in meinem Kopf ohnehin nicht viel Platz für das gedankliche Kreisen um eine verlorene Flasche übrig ist. Also weiter. Wer sich nicht die Hände schmutzig machen möchte, ist auf diesem Weg falsch. Immer wieder müssen wir kraxeln. Nicht klettern, aber doch unter Einsatz der Hände Felsstufen und ausgesetzte Wegstellen überwinden. An einer Stelle schließt der Weg einen Meter über zerklüfteten Granitbrocken an, die es zu überwinden gilt. Ein paar Meter weiter versperrt ein quer über dem Pfad liegender Baumstamm den Weg. Zum Glück gibt es Kerben, die in das Holz geschlagen sind, und wir können recht komfortabel hinübersteigen.

Trotz allem stehen wir nach einer guten Stunde zusammen unter dem Gipfel des Almkogels. Ein kurzer, schroffer Steig führt zum höchsten Punkt. Dort oben thront das mit Ketten am Boden verankerte Gipfelkreuz. Ich gehe daran vorbei, schiebe mich am Felsplateau entlang und suche mir eine Stelle, an der ich mich einen Augenblick hinsetzen kann. Schon bald lasse ich alles Grübeln sein. Meine Tochter nimmt neben mir Platz, und wir genießen einvernehmlich schweigend die Aussicht. Mittlerweile sind Wolken aufgezogen. Sie wirken wie ein blaugraues Wattedach über dem Bild, das sich mir hier zeigt. Tief im Tal liegen Mondsee, Irrsee und Attersee wie blaue Pfützen zwischen sattgrünen Wiesen und Wäldern.

Direkt gegenüber des Almkogels liegt die Drachenwand – ein Eldorado für Kletterer. Ich muss an Günther denken. Vermutlich hat er diese Felswand schon bezwungen. Mir fallen die Worte seiner Lebenspartnerin ein: »Beim Klettern hat man schnell erste Erfolge.« Vielleicht werde ich das auch einmal ausprobieren.

Aber nicht heute. Denn in zwei Stunden bin ich in Salzburg verabredet. Ich werde mich dort mit einer ganz besonderen Frau treffen, die mir von ihrer Bergerfahrung und ihrer Sicht auf das Leben erzählen wird.

WIRKSAM SEIN – GANZ NACH DEN PERSÖNLICHEN BEGABUNGEN

Gespräch mit der Chefdirigentin und Wanderin Elisabeth Fuchs

In den sozialen Medien bin ich auf eine Frau aufmerksam geworden, die in mir sofort die Gedanken geweckt hat: Die ist stark, kann mit Gegenwind umgehen und hat jede Menge Ressourcen, die ihr helfen, dort zu sein, wo sie gerade ist. Elisabeth Fuchs ist Chefdirigentin der Salzburger Philharmonie. Als ich in einem ihrer Posts dann noch entdeckt habe, dass sie ihren Urlaub in den Bergen im Salzburger Land verbracht hat, sie also auch eine Verbindung zum Bergwandern hat, steht für mich fest: Von dieser Frau möchte ich mehr erfahren.

Ich habe mich mit Elisabeth Fuchs in einem gemütlichen Café verabredet, das sie vorgeschlagen hat. Ich gebe zu, dass ich ein wenig aufgeregt bin. Immerhin steht meine Gesprächspartnerin auf der Liste der bedeutenden international tätigen Dirigentinnen des 20. und 21. Jahrhunderts. Ich bin vor ihr da, suche mir einen Platz und bestelle einen Espresso. Als Elisabeth Fuchs das Café betritt, bleibt sie erst kurz bei der Café-Inhaberin stehen und erkundigt sich nach deren Familie. Dann kommt sie auf mich zu, begrüßt mich herzlich und nimmt Platz. Sie wirkt auf mich sehr offen, nahbar und zugewandt. Gleichzeitig hat sie eine enorme Präsenz. Wir plaudern ein wenig und sind rasch beim Du. Meine Nervosität ist wie weggeblasen. Mir kommt es vor, als würde ich einer lieben Bekannten gegenübersitzen, die mir von sich erzählt. Ich frage sie deshalb auch als Erstes nach ihrem Urlaub. Die Dirigentin erzählt, dass sie die Zeit in den Bergen genossen hat.

»Ich arbeite viel. Manchmal auch bis zum Anschlag. Wir wollten um neun Uhr morgens in den Urlaub aufbrechen. Deshalb bin ich an dem Tag auch schon um vier Uhr aufgestanden, damit ich vorher noch ein paar Sachen schaffe«, erzählt Elisabeth Fuchs. Sie bemerkt, dass ich sie staunend ansehe. Deshalb fügt sie erklärend hinzu: »So etwas mache ich manchmal. Wenn zu viel liegen bleibt, dann fühle ich mich nicht frei. Lieber stehe ich früh auf. Bäcker stehen auch mitten in der Nacht auf, um zu arbeiten. Jedenfalls dachte ich mir, dass ich dann am Abend in der Hütte, wenn die Kinder schlafen, weiterarbeiten werde.« Die alleinerziehende Mutter – ihre Kinder sind sechs und elf Jahre alt – macht eine kleine Pause.

»Und dann hatte ich dort kein Netz. Alles, was ich mir vorgenommen hatte, ging nicht. Ich war drei Tage wie weggebeamt. Und ich fand es wunderbar«, sagt sie und lacht.

»Ich mag am Urlaubmachen die freie Zeit. Aber auch, dass ich vor dem Urlaub ganz viel schaffe. So viel wie sonst nie. Mit

Ausblick auf die Auszeit bin ich immer höchst strukturiert und effizient. Das ist auch in anderen Situationen so. Immer dann, wenn ich darauf angewiesen bin, Arbeit zu bündeln. Das geht aber vielen Menschen so. Ich höre von Musikerinnen und Musikern, die Eltern sind: ›Ich war in meinem Leben noch nie so effizient wie jetzt, wo ich Kinder habe.‹ Bei mir ist es ebenfalls so.«

Die Kellnerin tritt an unseren Tisch. Elisabeth Fuchs bestellt sich ein Stück Kuchen und eine heiße Milch mit Honig. Dann nimmt sie den Faden wieder auf: »So möchte ich mein Leben gestalten: effizient sein. Und es gleichzeitig so genussvoll wie möglich leben. Dann fühle ich mich gut und wirksam. Und das finde ich richtig, denn unsere Lebenszeit ist begrenzt. Das Leben muss im Jetzt stattfinden.«

Die Bedienung serviert Kuchen und Getränke.

»Wenn ich über mein Leben nachdenke«, meint die Dirigentin, nachdem sie einen Schluck heiße Milch getrunken hat, »dann spielt die Musik natürlich eine zentrale Rolle. Dennoch denke ich: Familie und Natur, das sind die beiden größten Schätze, die wir haben.«

Elisabeth kann sich in der Natur gut regulieren. Ich merke, wie ich voller Vorfreude an meine Alpenüberquerung denke – und an den wohltuenden Aufenthalt in den Bergen. Doch Elisabeth hat für sich noch einen Weg gefunden, der ihr beim Abschalten hilft: »Und ich habe die Musik. Musik … das ist mein Kanal.« Während sie spricht, verändern sich ihre Gesichtszüge schlagartig: Ein Strahlen macht sich breit.

Ihr Talent nutzt die Musikerin nicht nur auf der Bühne. Gerade die Förderung des Nachwuchses liegt ihr am Herzen. Sie sitzt in der Jury eines Wettbewerbs für Nachwuchstalente. In Salzburg hat sie die *Kinderfestspiele* ins Leben gerufen. Und kürzlich hat sie einige humorvolle Kurzvideos – eine Art Basiskurs am Drumset – ins Netz gestellt, in denen sie das Trommeln auf Kisten und Töpfen anleitet.

»Das sehe ich als meine Aufgabe an. Es heißt ja: ›Es braucht ein ganzes Dorf, um ein Kind zu erziehen.‹ Ich kann meinen Teil dazugeben, indem ich sozusagen als fremde Bezugsperson die Musik mit einbringe. Genau das machen ja auch Tennistrainerinnen oder Kletterlehrer.«

Und genau solche Menschen braucht es, um ein Kind stark zu machen, denke ich. Elisabeth ist also nicht nur selbst belastbar und zupackend, sie sorgt auch dafür, dass bei der nachfolgenden Generation ein Grundstein dafür gelegt wird.

»Für mich gehört ein gewisses Engagement ganz selbstverständlich dazu. Das entspricht meinen Werten. Ich bin ein sehr spiritueller, gläubiger Mensch«, erzählt die Dirigentin.

Ich bin überrascht, auch wenn ich nicht genau greifen kann, warum. Gleichzeitig ist mir natürlich klar, dass starke Menschen ihre Kraft häufig aus ihrem Glauben, aus dem Vertrauen auf etwas Höheres, Größeres ziehen.

»Im Lauf meines Lebens hat sich mein Glaube allerdings verändert«, fährt Elisabeth fort. »Mit 19 hatte ich überlegt, Nonne zu werden. Direkt nach der Matura war ich eine Woche in einem Schweigekloster. Dort habe ich dann festgestellt, dass mir das Klosterleben viel zu geschäftig ist. Etwas ist aber geblieben: Ich bete und meditiere vor meinen Konzerten. Da hole ich gedanklich alle zusammen – Musikerinnen und Musiker und auch das Publikum – unter eine Glocke. Wenn ich weiß, dass jemand ein schweres Solo hat, dann schließe ich die Person beispielsweise ganz besonders in diese Meditation mit ein. Die drei Minuten vor dem Auftritt, in denen ich ganz bei mir bin, sind für mich ganz wesentlich. Wenn das Orchester rausgeht, ist außer mir sonst niemand mehr hinter der Bühne. Dann ist es still. Da habe ich Ruhe. Im Lauf der Zeit habe ich gelernt, dass drei Minuten ausreichen, um mich zu fokussieren.«

Anscheinend ist es sehr wirkungsvoll, dass Elisabeth Fuchs vor Konzerten gute Gedanken generiert, denn ihr Orchester spielt auf höchstem Niveau – und das seit Jahren. Dazu trägt sicherlich maßgeblich bei, dass die Dirigentin gut für ihre Musiker und Musikerinnen sorgt.

»Es geht immer um Qualität. Um die abliefern zu können, kommt es darauf an, wie gut man trainiert ist. Wenn die Energie fließt – und das tut sie in unserem Orchester –, dann kannst du auch anspruchsvolle Konzerte spielen. Mittlerweile merke ich, wenn mein Orchester vor einem Konzert eher eine Pause statt noch einer Probe am Vormittag braucht. Das musste ich erst lernen. Führen lernt man eben dadurch, dass man es tut. Anfangs brauchte ich schon Mut, die Verantwortung zu übernehmen und zu sagen: ›Wir lassen jetzt die Probe sein. Rastet gut. Wir sehen uns eine Stunde vor dem Konzert zur Anspielprobe.‹ Damit schenke ich meinen Musikerinnen und Musikern Zeit – und das ist das Größte, was du verschenken kannst.«

Elisabeth Fuchs gibt den Takt vor. Das kann sie und das macht sie sichtlich gerne. In Salzburg ist die Künstlerin auf unzähligen Plakaten zu sehen. Sie ist also ständig präsent und im Fokus der Öffentlichkeit. Ich frage, ob das nicht auch Druck erzeugt.

»Ich merke eher, dass ich durch diese Präsenz als Botschafterin für die Musik wahrgenommen werde. Wenn ich mit meinen Kindern durch die Stadt gehe, dann freuen sie sich, wenn sie ein Plakat mit mir entdecken«, meint Elisabeth Fuchs.

»Gerade hier in Salzburg erlebe ich den Umgang mit Menschen, die in der Öffentlichkeit stehen, als sehr respektvoll. Natürlich kommt es vor, dass mich Leute fragen, ob sie ein

Foto mit mir machen dürfen, wenn sie mich erkennen. Man kennt mich also, aber ich fühle mich nicht bedrängt.«

»Gab es denn auf deinem Weg Stolpersteine, mit denen du umgehen musstest?«, möchte ich wissen.

»Eigentlich kaum. Mein größter Stolperstein war, dass ich zu Beginn meines Verhältnisses zur Musik erst einmal zu meiner eigenen Stärke finden musste. In meiner Jugend fiel mir das nicht so leicht. Mein Talent zu erkennen, das war ein hartes Stück Arbeit. Meine Eltern haben mich nicht gefördert – allerdings haben sie gute Rahmenbedingungen geschaffen. Wir waren drei Geschwister, meine Eltern hatten ein Gasthaus. Da war nicht viel Zeit. Bei uns zu Hause galt die Haltung: Wenn wir Kinder etwas wollten, dann mussten wir selbst dafür einstehen. Auch finanziell. Wir hatten immer die Möglichkeit, im Gasthaus mitzuarbeiten und etwas Geld zu verdienen, um uns unsere Leidenschaften zu finanzieren. Mit 14 habe ich mich fürs Musikgymnasium Linz entschieden. Und angefangen, Oboe am Bruckner-Konservatorium zu studieren. Vorher hatte ich schon Klarinette gelernt. Aber Klarinettisten gab es viele – da war für mich die Oboe einfach attraktiver. Was mir dann jedoch einiges abverlangt hat: Alle anderen Kinder an diesem Musikgymnasium waren in ihrem Elternhaus entsprechend unterstützt worden. Du musst dir vorstellen, dass dieses Gymnasium eine Art Kaderschmiede war. Da kamen die 25 musikalisch Besten aus Oberösterreich zusammen. Und ich. Ich wusste damals gar nicht so genau, wieso eigentlich. Ich hatte diesen Hintergrund, den die anderen hatten, einfach nicht. Doch meine Lehrer hatten anscheinend erkannt, welches Talent ich mitbringe – nicht das Wissen, das die anderen hatten, aber ein besonderes Taktgefühl und eine musikalische Energie. Ich musste also erst einmal ziemlich viel nachholen, um mithalten zu können. Meine Eltern haben sich da rausgehalten, weil sie auch nicht so einen Zugang zur Musik hatten. Außerdem konnten sie mich schon rein zeitlich nicht fördern und unterstützen. Sie hatten ja ein Gasthaus zu betreiben. Sie konnten sich kaum Zeit nehmen, um zu Konzerten zu kommen, bei denen ich mitgewirkt habe, denn da gab es eine Beerdigung oder eine Hochzeit oder eine Weihnachtsfeier auszurichten. Ich war also häufig auf mich allein gestellt. Aber das war für mich nicht von Nachteil, denn ich habe gelernt, für das, was ich erreichen möchte, zu arbeiten. Mich bewusst dafür zu entscheiden, auf *diesen Berg* zu steigen, etwas zu leisten, den Weg zu gehen.«

Es hilft also, sich bewusst für einen Weg zu entscheiden, auch wenn er vielleicht mühsam werden wird. Ein ermutigender Gedanke, finde ich. Elisabeth nimmt einen Bissen Kuchen und schließt kurz die Augen. Dann fährt sie fort: »Nach dem Schulabschluss wurden dann aber trotz der Talentschmiede die wenigsten aus meinem Jahrgang Profimusiker. Auch ich habe mich nach der Matura erst einmal dazu entschieden, Lehramt für Mathematik und Musik zu studieren. Das habe ich ziemlich schnell geschafft – in nur drei Jahren war ich durch. Das Dirigieren kam in der Zeit dazu und wurde später zu meiner Passion. Jedenfalls hatte ich nach dem Lehramtsstudium eigentlich einen Beruf. Übrigens nicht nur einen! Ich habe auch den Lastwagenführerschein gemacht, weil ich mir dachte: Wenn das mit dem Studieren nichts wird, dann bekomme ich als Lastwagenfahrerin auch einen Job. Das lag vielleicht daran, dass ich in einfachen Verhältnissen groß geworden bin und eine gewisse Existenzangst mich begleitete. Davon konnte ich mich erst nach und nach lösen. Das hat sicherlich – und da schließt sich der Kreis – auch etwas damit zu tun, wie ich mit Stolpersteinen umgehe: Ich bin, wie man so schön sagt, ein richtiges Stehaufmännchen. Ich bin ziemlich zäh. Ich kann gut hinfallen – Rückschläge gab es natürlich im Lauf meiner Karriere ebenfalls. Aber ich kann auch wieder gut aufstehen. Immer wieder. Und zwar aufstehen, ohne dass das Stolpern große Wunden oder Narben zurücklässt. Dinge, die nicht funktionieren oder die mich kurzzeitig aus der Bahn werfen, führen nicht zu Verbitterung. Ich glaube, ich kann gut das Positive an allem sehen.«

Elisabeth Fuchs erinnert sich: »Das war schon als Kind so. Kürzlich hat mir meine Mutter erzählt, dass ich immer aus der Schule kam und erzählt habe, was mir gelungen ist. ›In Mathe hab ich eine Eins bekommen und in Biologie ein Plus.‹ Dass ich in Deutsch völlig versagt habe, habe ich nicht erzählt. Das habe ich irgendwie ausgeblendet.« Die Dirigentin überlegt kurz, ehe sie anfügt: »Das heißt aber nicht, dass ich das Negative nicht sehen will. Ich kann gut mit Kritik umgehen. Ich mag Kritik – auch und gerade zu meinen Konzerten – sogar sehr gerne. Außer sie ist ungerechtfertigt. Wenn jemand nur schimpfen will, dann denke ich mir: Wenn du gerade einen Grant hast, dann geh einfach nicht ins Konzert.«

Meist erntet sie jedoch vor allem Begeisterung und Zuspruch für das, was sie tut. Vermutlich liegt das auch an ihrer Authentizität: Sie macht nicht nur Musik, sie lebt Musik. »Musik macht gesund, gescheit und glücklich. Das sind meine 3 G«, sagt Elisabeth. »Die Reihenfolge würde ich noch verändern: An erster Stelle steht wahrscheinlich glücklich, dann gesund und gescheit. Mir wird immer wieder bewusst, dass ich selbst ein Glückskind bin. Dafür bedanke ich mich regelmäßig. Ich finde, das kann man nicht oft genug machen. Und ich habe keine Angst, dass sich das Glück ins Gegenteil verkehrt, wenn ich es wahrnehme und benenne. Mein größtes Glück ist, dass ich so frei bin. Ich kann mir aussuchen, welche musikalischen Projekte ich machen möchte.«

Ihre ersten Musikprojekte realisierte die Dirigentin mit der *Jungen Philharmonie Salzburg*, die sie 1998 selbst gegründet hat. Einige Jahre später wurde daraus die *Philharmonie Salzburg*.

»Ich fahre immer wieder gerne zu anderen Orchestern und bin dort als Gastdirigentin tätig. Aber die Freiheit, selbst zu entscheiden, die würde ich nicht aufgeben. Sonst würde vielleicht der Spaß an meiner Tätigkeit verloren gehen.«

Elisabeth Fuchs strahlt, als sie betont: »Ich finde, jeder muss selbst sein Herzensding finden. Was das ist, ist nebensächlich. Jeder nach seiner Begabung.«

Am Ende unseres Gesprächs fühle ich vor allem Dankbarkeit. Und Freude über die Idee der Herzensdinge. Elisabeth hat mir viel mit auf den Weg gegeben, das ich sicherlich als Gedanken mit auf meine Alpenüberquerung nehmen werde.

ETAPPE 1

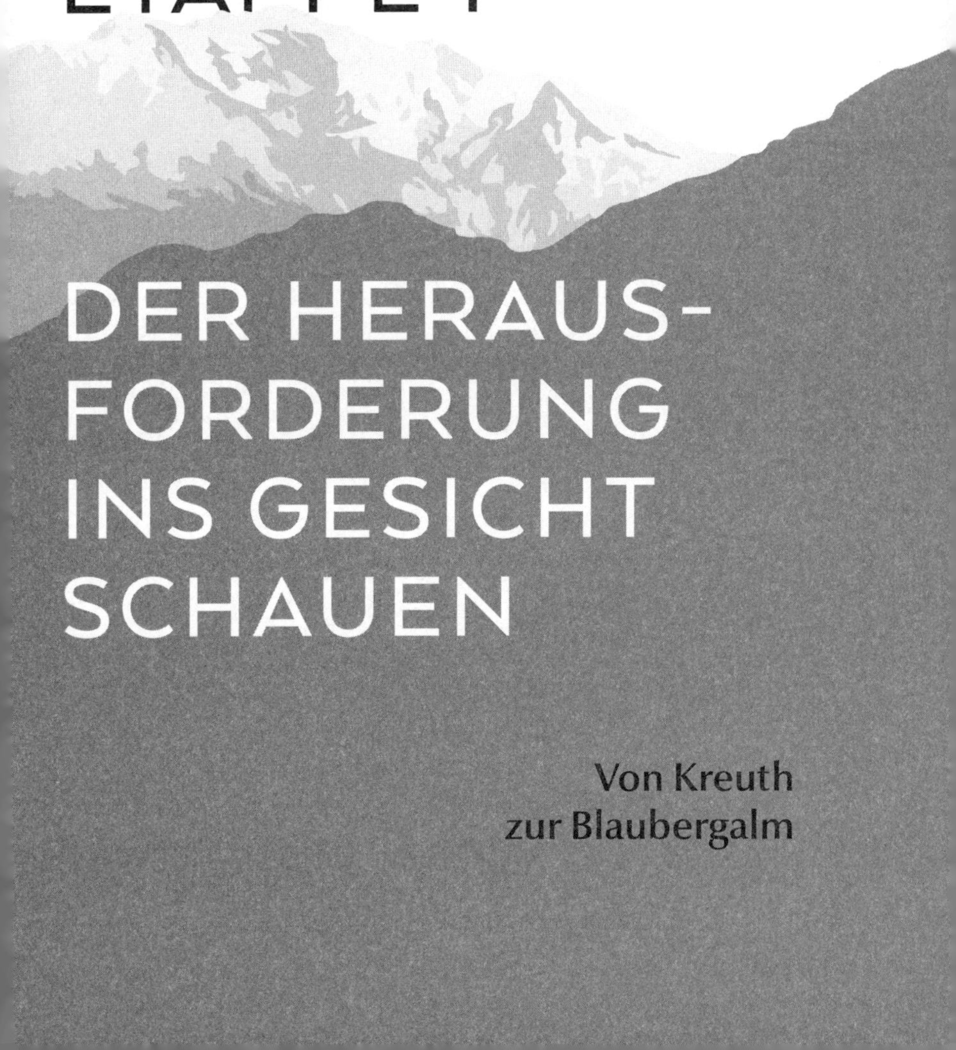

DER HERAUS-FORDERUNG INS GESICHT SCHAUEN

Von Kreuth
zur Blaubergalm

START MIT HINDERNISSEN

Nachdem ich mich körperlich und mental auf meine Alpenüberquerung vorbereitet habe, wende ich mich der Planung zu. Ich entscheide mich für eine als leicht geltende Strecke. Sechs Tage vom Tegernsee bis ins Pfitschtal kurz vor Sterzing. Mein Weg wird mich durch die Tegernseer Alpen, einen Teil der Bayerischen Voralpen, führen. Das Karwendelgebirge werde ich nur streifen. Über die Tuxer und Zillertaler Alpen wird es schließlich nach Südtirol gehen.

Ich studiere die geplante Route, reserviere Unterkünfte und besorge mir notwendiges Equipment. Ich habe einen Schlafsack für Hüttenübernachtungen dabei und packe Grödel – Schneeketten, die man an den Wanderschuhen befestigen kann – ein, falls ich über schneebedecktes Gelände muss. Ich stelle meinen Rucksack auf die Waage. Mehr als zehn Kilogramm darf er auf keinen Fall wiegen, denn ich werde das Gepäck den ganzen Weg über tragen müssen. Also packe ich wieder ein paar Dinge aus, wiege erneut, muss mich entscheiden, was wirklich notwendig ist. Damit bin ich in den Tagen vor der Abreise gut beschäftigt. Und auch ein bisschen abgelenkt, denn je näher der Start rückt, umso mehr bekomme ich Angst vor meiner eigenen Courage. Dennoch bin ich mir sicher: Ich werde nicht kneifen!

An einem Mittwoch Ende Juli geht es schließlich wirklich los. Meine Wandersachen habe ich an, der Rucksack ist im Kofferraum verstaut. Ich werde von meinem Mann zum Bahnhof gebracht, um dort den Zug von Regensburg über München nach Gmund am Tegernsee zu nehmen. Doch ich starte schon mit Hindernissen, denn auf halber Strecke zum Bahnhof fällt mir siedend heiß ein: Ich habe meine Geldbörse vergessen! Darin steckt nicht nur relativ viel Bargeld für unterwegs, sondern auch mein Ausweis und andere Dokumente, die ich während meiner Wanderung brauchen werde. Es hilft nichts: Wir müssen noch einmal umdrehen. Völlig gestresst stürze ich zu Hause in den Flur und fange an, hektisch nach meinem Portemonnaie zu suchen. Glücklicherweise entdecke ich es schnell, stecke es ein und hetze zurück zum Auto. Auf der Fahrt Richtung Regensburg überschlage ich im Kopf die Zeit, die wir durch den Schlenker verloren haben, und stelle fest, dass ich den geplanten Zug nicht mehr erreichen werde. Der nächste fährt eine Stunde später. Ich atme auf. Denn obwohl ich so erst am frühen Nachmittag loskomme, kann ich trotzdem das erste Etappenziel, die Blaubergalm, noch am Abend erreichen. Auch wenn ich das für mich nun geklärt habe, bin ich doch die gesamte Zugfahrt über unruhig und fühle mich etwas überfordert.

»Das geht ja gut los«, ist mein Mantra, das ich in einer Endlosschleife in Gedanken wiederhole. Das wiederum trägt nicht gerade dazu bei, entspannt und gelassen zu werden. Als ich schließlich in Gmund am Bahnhof aussteige, fühlt es sich an, als wäre ich bereits zwei Tagesetappen hintereinander gegangen. Meine Knie zittern etwas. Mein Neun-Kilo-Rucksack drückt schwer auf meinen Schultern. Schweiß steht mir auf der Stirn. Ich habe kaum einen Blick für das wunderschöne, denkmalgeschützte Bahnhofsgebäude übrig. Stattdessen eile ich daran vorbei, um den nächsten Bus Richtung Kreuth südlich des Tegernsees zu erwischen, wo meine Alpenüberquerung beginnen soll. Ich bin froh, als ich den richtigen Bus sofort auf dem Bahnhofsvorplatz entdecke. Etwas wackelig hieve ich mich die Stufen hoch und bleibe vor dem Fahrer stehen. »Einmal nach Kreuth Riedlerbrücke, bitte«, sage ich und atme tief durch.

Der Busfahrer würdigt mich keines Blickes. Er tippt auf seinem kleinen Bildschirm neben dem Bordcomputer herum. Ob er mich nicht verstanden hat? Oder sucht er nach dem entsprechenden Ticket? Eine knappe Minute vergeht, ohne dass der Busfahrer mit mir spricht. Schließlich hebt er den Kopf und sagt: »Gibt's nicht.«

Ich bin verunsichert. »Vielleicht heißt die Haltestelle nicht genau so, aber zumindest so ähnlich«, sage ich mit dünner Stimme. Wieder warte ich eine gefühlte Ewigkeit, in der der Busfahrer mich zu ignorieren scheint. »Ah, da ist es ja«, murmelt er dann endlich und lässt ein Ticket aus seinem Gerät.

Ich bezahle, ziehe meinen Rucksack von den Schultern, schiebe mich ein paar Sitzreihen nach hinten und lasse mich auf einen Sitz fallen. Als der Bus losfährt, schließe ich einen Moment die Augen. Ob all die Hürden, die ich heute schon überwinden musste, ein Zeichen sind? Soll ich wirklich losgehen? Oder doch lieber gleich wieder nach Hause fahren? Aber nun sitze ich zumindest schon mal im richtigen Bus. Ich lege den Kopf in den Nacken und lasse mich wie in Trance am Westufer des Tegernsees entlang kutschieren. Nur am Rand nehme ich wahr, dass die Ansagen der Haltestellen von Kindern gesprochen werden. Das ist eine schöne Idee, auf die ich mich aber gerade heute nicht weiter einlassen kann. Als wir durch Rottach-Egern fahren, stelle ich plötzlich fest, dass der Bus nicht nach Süden Richtung Kreuth abbiegt, sondern weiter Richtung Ostufer fährt. Ich sehe, wie der Busfahrer einen kurzen Blick in den Rückspiegel wirft. Unsere Blicke treffen sich für einen Augenblick. Dann sieht er wieder weg. Nach meiner Fahrplan-App sollte der Bus mich direkt an mein Ziel führen. Ich habe plötzlich so eine Ahnung. An der nächsten Haltestelle gehe ich nach vorne und setze mich in die Sitzreihe hinter den Busfahrer.

»Kann es sein, dass ich für Kreuth an der letzten Haltestelle hätte umsteigen müssen?«, frage ich und merke selbst, wie kraftlos ich dabei klinge. »Ja«, kommt es knapp und ohne weitere Gefühlsregung vom Fahrer.

Was? Das darf jetzt nicht wahr sein! Es sind nicht besonders viele Fahrgäste im Bus. Und der Fahrer wusste genau, wohin ich wollte. Ich schnappe nach Luft.

»Wenn Sie zurücklaufen, erwischen Sie den Bus nach Kreuth vielleicht noch«, fügt er trocken an, hält an der nächsten Haltestelle und lässt die Bustür mit einem lauten »Pfft« aufschwingen. Ich bin viel zu erschrocken, um irgendetwas zu erwidern. Stattdessen springe ich aus dem Bus, schultere meinen Rucksack und renne los. Nach ein paar Minuten Spurt erreiche ich die richtige Haltestelle – und das keine Sekunde zu früh. Denn genau in diesem Augenblick biegt ein Bus mit der Aufschrift »Kreuth« um die Ecke. Völlig verschwitzt steige ich ein und zeige dem Fahrer mein Ticket.

»Ich fahre nicht bis zur Riedlerbrücke. Nur bis zur Schule«, informiert er mich. Egal. Das ist zwar ein Stückchen mehr zu laufen. Aber immerhin bin ich nun endlich auf dem richtigen Weg.

Als ich schließlich in Kreuth aus dem Bus klettere, bin ich fix und fertig. Mir ist weniger nach einer ausgiebigen Wanderung als mehr nach Heulen zumute. Den Gedanken von vorhin, einfach umzukehren, verwerfe ich dennoch. Ich bin gekommen, um die Alpen zu überqueren. Und genau damit werde ich jetzt anfangen!

DER BERG RUFT!

Ich bin froh, dass es erst einmal ohne besonderen Anspruch losgeht. Um zum Ausgangspunkt meiner ersten Etappe zu gelangen, überquere ich die Riedlerbrücke in Kreuth und gehe an der Weißach entlang Richtung Wildbad Kreuth. An einem Schild entdecke ich ein schwarzes Rechteck mit gelbem »Ü«. Dieses Zeichen wird mir in den kommenden Tagen meinen Weg weisen. Einige Kilometer geht es den kleinen Fluss entlang, erst auf einem Kiesweg, dann auf einer kleinen Asphaltstraße. Trotzdem merke ich, dass ich nicht richtig rund gehe. Ich muss an Rita denken, die vom *schönen Gehen* gesprochen hat – und hoffe, dass sich das bei mir noch einstellt.

Ob es am warmen, sonnigen Tag oder am Stress der Anreise liegt, jedenfalls sind meine Wasserflaschen schon nach einer knappen Stunde leer, kurz bevor ich schließlich Wildbad Kreuth erreiche. Hinter der kleinen Kapelle mit Zwiebelturm taucht ein Gasthaus auf. Hier kann ich glücklicherweise meine Trinkflaschen auffüllen, ehe ich weitergehe. Ich steuere den Waldrand an und entdecke einen ersten Wegweiser, auf dem die Blaubergalm angezeigt ist. Noch dreieinhalb Stunden soll der Aufstieg dauern. Eine Alternative wäre es, über die Wolfsschlucht zu gehen. Doch ich weiß, dass das eine kleine Klettereinheit beinhalten würde. Und die traue ich mir mit meinem Gepäck nicht zu. Deshalb wähle ich den etwas längeren Weg über die Gaisalm.

Bevor es richtig bergauf geht, schlendere ich erst noch an der »herzoglichen Fischzucht« vorbei. Viele Ausflügler drängen rechts zum Verkaufsstand. Hier riecht es beinahe wie an der Küste: nach Fisch, Wasser und vielen Menschen.

Nachdem ich den Trubel hinter mir gelassen habe, wird es schlagartig ruhig. Und steiler. Nach einer weiteren guten Stunde erreiche ich die 1100 Meter hoch gelegene Gaisalm. Meine Wasserflaschen sind schon wieder beinahe leer. Leider ist die Alm privat, und so muss ich mir das verbleibende Wasser einteilen. Denn ein Abstecher zur bewirtschafteten Königsalm würde einen Umweg bedeuten, und dazu fehlt mir nach dem turbulenten Start heute die Kraft.

Dass ich meine verbliebenen Kraftreserven gut brauchen kann, erfahre ich wenig später. Erst gelingt es mir noch, mich immer wieder umzusehen und die Schönheit der Umgebung wahrzunehmen. Dann wird der Aufstieg mühsam. Es geht über Felsen und Wurzelstufen. Ich kämpfe mich nach oben. Ob ich doch auf die Zeichen am Morgen hören und lieber wieder nach Hause hätte fahren sollen? Ich wische die Gedanken und den Schweiß auf meiner Stirn mit einer entschlossenen Bewegung weg. Es kann ja jetzt nicht mehr so weit sein, denke ich alle fünf Minuten. Das weiße Blechschild, das an einem Baum befestigt ist und in schwarzen Lettern verkündet, dass ich gerade die Landesgrenze von Deutschland nach Österreich passiere, registriere ich nur beiläufig. Dafür freue ich mich umso mehr, als der felsige Aufstieg sich in einen schmalen, nur noch leicht ansteigenden Wanderweg verwandelt.

Schließlich stehe ich auf einer Almwiese und kann hoch über mir die Blaubergalm sehen. Doch um dort hinaufzukommen, muss ich erst noch einen Steilanstieg bewältigen. Im Schneckentempo schiebe ich mich über den Serpentinenpfad eine Weide hoch. Als endlich Kies unter meinen Schuhsohlen knirscht, habe ich es geschafft! Nach rund 13 Kilometern und knapp 900 Höhenmetern ist die Blaubergalm erreicht. Erschöpft und glücklich stehe ich vor der kleinen Berghütte. Mit letzter Kraft schleppe ich mich die zwei Stufen hoch zur Veranda, die die Hütte umgibt.

Beherzt öffne ich die Tür und trete ein. Drinnen gibt es einen einzigen Raum, an den sich eine Küche anschließt. Hinter einem Tresen steht eine kleine Frau mit einem dicken Haarzopf und hantiert mit Geschirr. Sie sieht auf. »Du musst die Petra sein«, stellt sie fest, zieht einen Zettel heran und hakt meinen Namen ab. »Ich bin Paulina.«

Ich werde also schon erwartet. Ein Blick auf meine Uhr verrät mir, dass die gefühlte Ewigkeit meines Aufstiegs gerade mal viereinhalb Stunden gedauert hat. Gierig trinke ich aus meiner Flasche, die die Hüttenwirtin aufgefüllt hat.

»Bis sieben Uhr bekommst du noch etwas Warmes zu essen«, informiert mich die resolute Frau. Dann folgen noch weitere Informationen, die ich aufgrund meiner Erschöpfung nur schwer aufnehmen kann. Ein junger Mann mit lässigem Holzfällerhemd taucht aus einer Ecke der Küche auf. Er mustert mich und nickt mir dann freundlich zu.

»Weißt du was? Ich zeige dir jetzt das Matratzenlager, wo du schlafen wirst. Und dann kommst du erst einmal richtig an.«

Eine gute Idee, für die ich dankbar bin. Schlagartig habe ich das Gefühl, dass ich loslassen kann. Mein Atem beruhigt sich, und meine angespannten Nackenmuskeln werden etwas lockerer.

»Ich bin Justus, der Almhelfer hier oben«, stellt sich der Mann vor. Er geht voran, tritt aus der Hütte und steuert das gegenüberliegende Gebäude an. Ich folge ihm wortlos.

Hinter einer alten Holztür befindet sich mein Nachtquartier. Vermutlich war hier einmal ein Stall. Luxus sucht man auf der Blaubergalm vergeblich. Drinnen riecht es nach altem Holz und Staub. Eine an der Wand angebrachte blaue Plastikwanne mit einem Wasserhahn darüber stellt die Waschgelegenheit für die Übernachtungsgäste dar. Neben dem überdimensionalen Waschbecken steht ein kleiner Tisch mit einer Wachstuchdecke, auf dem man seine Utensilien abstellen kann. Darüber gibt es eine Steckdose, an der bereits ein Handy zum Laden hängt. Da es das einzige Detail ist, das modern erscheint, sticht es sofort ins Auge. Die Rückwand des Gebäudes ist – wie alle anderen Wände auch – aus groben Holzbrettern gezimmert. Am Balken darüber hängen einige Kuhglocken, die dem Raum eine bäuerliche Atmosphäre verleihen. Ich entdecke zwei Holztüren, hinter denen die begehrten Zweibettzimmer mit Stockbetten zu finden sind.

»Und hier geht es hoch zum Matratzenlager«, meint Justus und deutet auf eine senkrechte Leiter, die zu einem Podest direkt unter dem Dach führt.

»Da kannst du deine Sachen aufhängen«, erklärt er mir und deutet auf die vielen Nägel, die rundherum aus den Balken ragen. Dann verabschiedet er sich, hebt lächelnd die Hand und verlässt das Gebäude.

Ich hänge für diesen Tag also im wahrsten Sinn des Wortes meinen Rucksack an den Nagel, krame meinen Schlafsack und eine Taschenlampe heraus und klemme mir alles unter den Arm. Dann schiele ich skeptisch zur Leiter. Die erste Sprosse befindet sich etwa 60 Zentimeter über dem Boden. Obwohl ich nicht klein bin, erfordert das Hochsteigen dennoch akrobatisches Geschick, denn es gibt auch keinen Handlauf zum Festhalten, was bedeutet, dass ich oben meine Utensilien aufs Podest schleudere, um mich dann an den Brettern des Podestgeländers festzuhalten und hochschieben zu können. Das Erste, was ich denke, als ich schließlich oben im Lager bin: »Ich werde heute Nacht auf keinen Fall auf die Toilette gehen, weil ich mir beim Runterklettern im Dunkeln sonst den Hals breche.«

Ich sehe mich um. Insgesamt gibt es hier acht Schlafplätze, von denen aber nur vier reserviert sind. Auf allen vieren mache ich mich auf den Weg zu einer noch nicht belegten Matratze direkt an der Außenwand aus Holz. Dort breite ich meinen Schlafsack aus. Staubpartikel tanzen im Abendlicht durch den Dachboden. Ich lasse mich einen Augenblick auf mein Nachtlager sinken und schließe die Augen.

Nachdem ich es geschafft habe, die Leiter wieder nach unten zu klettern, mache ich mich frisch. Dann wird es Zeit, endlich etwas zu essen. Ich bekomme Leberkäse mit Ei und Brot und setze mich damit nach draußen auf die Veranda der Hütte, wo es zwei lange Tische mit Bänken gibt. Am Nebentisch sitzen zwei andere Gäste, die sich ebenfalls das Tagesgericht schmecken lassen. Die Frau kommt aus Bayern, der Mann aus der Schweiz. Das Paar hat den Aufstieg über die Wolfsschlucht gewählt. Als geübte Kletterer war das eine angemessene Herausforderung für die beiden. Ich lasse mir interessiert von ihrem anspruchsvollen Weg erzählen und bin insgeheim froh, dass ich den Weg über die Schlucht gar nicht erst in Erwägung gezogen habe.

Frisch gestärkt und wieder ein wenig erholt mache ich mich auf zu einem Rundgang über das Almgelände. Neben der Hütte führt ein schmaler Steig hoch zum Gipfelkreuz. An der Stirnseite des Schlafgebäudes gibt es ein Plumpsklo, das ich schon im Vorbeigehen wahrgenommen hatte. Weil die Alm nicht an die Kanalisation angeschlossen ist, wird dieses Örtchen von allen hier oben benutzt. Neben der Hütte steht ein Hühnerhaus, vor dem hektische Betriebsamkeit herrscht. Es gibt hier oben auch noch einen kleinen Schweinestall. Und natürlich Kühe. Der Melkstand brummt laut, als ich daran vorbeigehe. Am Rand des Almgeländes bleibe ich stehen und lasse meinen Blick schweifen. Die knapp 2200 Meter hohe Guffertspitze ist in orangerotes Abendlicht getaucht. Überhaupt wirkt die Bergwelt um mich herum kraftvoll und wie eine Energiequelle. Als ich mich nach einigen Minuten von dem Anblick losreißen kann, schlendere ich zurück zur Hütte. Dort sitzt Justus auf dem Geländer der Veranda und tippt auf seinem Handy herum.

»Hast du hier Empfang?«, frage ich erstaunt.

Justus schüttelt den Kopf. »Nein, oder besser gesagt: selten. Aber ich probiere es immer wieder.«

Neugierig erkundige ich mich, wie lange er denn schon Almhelfer sei und wie es ihn auf die Alm verschlagen hat. Justus erzählt kurz. Dann meint er, dass er noch ein wenig zu tun hätte, aber danach würde er mir gerne noch mehr erzählen. Begeistert nehme ich den Vorschlag an. Bis zu unserer Unterhaltung werde ich mir die Zeit mit einem kleinen Aufstieg zum Gipfelkreuz zu vertreiben. Erstaunlich, wie energiespendend die Begegnung mit zugewandten Menschen sein kann!

SICH ZEIT NEHMEN FÜR DAS, WAS MAN WIRKLICH WILL

Gespräch mit Almhelfer Justus

Als Justus schließlich Feierabend hat, nimmt er sich Zeit, um mir mehr von sich zu erzählen. Er ist 32, kommt aus Karlsruhe und arbeitet dort als selbstständiger Schreiner. Seit knapp drei Wochen ist er nun auf der Blaubergalm.

»Wollen wir uns zu mir setzen?«, fragt er.

Mit »zu mir« meint er seine kleine Hütte neben dem Melkstand gegenüber dem Schweinestall, die er während der Zeit auf der Alm bewohnt. Neben dem Holzhäuschen parkt sein Bus, mit dem er hier hochgefahren ist. An den Balken des Schuppens gegenüber ist eine Wäscheleine gespannt. Dort hängen Kleidungsstücke. Justus folgt meinem Blick. »Heute hatte ich Waschtag«, erklärt er.

Vor der Hütte gibt es einen einfachen Tisch, hinter dem ein schon etwas ramponierter Stuhl steht. Justus holt noch einen zweiten aus seiner Hütte. Für sich selbst hat er ein Bier dabei. Mir bringt er Wasser mit – in einer angeschlagenen Tasse ohne Henkel, was dem erfrischenden Geschmack des Wassers keinen Abbruch tut. Wir setzen uns auf die beiden Stühle mit Blickrichtung Westen. Dort geht gerade die Sonne unter. Es vergehen etliche Minuten, in denen wir einträchtig schweigend dieses Spektakel bewundern. Nur das stetige Gebimmel der Kuhglocken durchbricht die Stille.

»Wenn der Tag lang war, dann ist das meine Belohnung – in der Abendsonne sitzen«, sagt Justus schließlich.

»Das ist ein echter Reichtum«, stelle ich fest. Dann lasse ich meinen Blick wandern. »Sonst brauchst du hier nicht viel, oder?«, frage ich nach.

»Nein, tatsächlich nicht.« Justus deutet auf die beiden wackeligen Stühle, auf denen wir sitzen. »Es reicht doch«, meint er lachend.

Mich interessiert, wie Justus überhaupt auf die Idee gekommen ist, für einige Wochen zum Mitarbeiten auf eine Alm zu gehen.

»Ich bin schon immer in den Bergen unterwegs gewesen, schon als kleiner Bub. Da hat mich mein Vater zum Wandern und Bergsteigen mitgenommen. Bis hoch zu den Gletschern. Ich war also schon als Junge ziemlich weit oben. Hüttentouren haben wir auch oft gemacht. So habe ich die Bergwelt und das Bergfeeling früh mitbekommen. Und seitdem … Die Berge und ich, das passt irgendwie«, fährt er fort und reibt sich über seine graue Häkelmütze.

»Deshalb zieht es mich immer wieder hierher. Bisher kannte ich die Berge aber größtenteils aus der sportlichen Perspektive, also vom Bergsteigen und Wandern. Mittlerweile arbeite ich schon einige Zeit als selbstständiger Schreiner. In Karlsruhe habe ich ein paar Leute kennengelernt, die im Sommer zum Schafehüten in die Schweiz gehen. Ein anderer meiner Bekannten ist Baumpfleger. Das ist quasi seine Winterarbeit. Im Sommer geht er dann für drei, vier Monate auf die Alm. Seine beiden Border Collies nimmt er als Hütehunde mit. Er bekommt von den Bauern jährlich 2000 Schafe anvertraut. Mit den Tieren ist er dann unterwegs. Er hat also jedes Jahr diesen Cut: Zu Hause hat er sein Netzwerk und seine Arbeit. Und dann lässt er das alles zurück und geht in die Berge, kümmert sich um die Tiere und verbringt dort seine Zeit. Natürlich bekommt er auch Geld dafür. Bei mir hat es irgendwann ›Klick‹ gemacht. Ich dachte mir: ›Das hört sich gut an.‹ Berge sind cool. Die mag ich ja schon immer. Ich habe gespürt, dass ich große Lust habe, mal längere Zeit im Gebirge zu sein. Ich wollte selbst erfahren, wie das Leben hier oben funktioniert.«

Justus erzählt, dass die Zeit hier auf der Alm für ihn ziemlich unkompliziert möglich gewesen sei, weil er sein eigener Chef ist und keine Angestellten hat. Er möchte irgendwann gerne eine eigene Familie. Aber bisher ist er unabhängig und hat wenig Ausgaben. Deshalb hat er im Frühjahr vorgearbeitet und konnte sich so die Almzeit freischaufeln. Sein Umfeld zu Hause fand die Idee gut.

»Die kennen mich. Und sie wissen, dass mir so etwas guttut. Deshalb haben sich alle mit mir gefreut. Manche haben gesagt: ›Hey, das würde ich auch gerne machen!‹«

Auf einer Alm mitzuarbeiten ist definitiv kein Urlaub. »Arbeit hast du hier genug, oder?«, frage ich nach.

»Ja, voll!« Justus wirkt sehr entspannt, obwohl es viel zu tun gibt. Das beeindruckt mich. Vielleicht liegt das ja an der besonderen Umgebung, in der der Almhelfer arbeiten darf. Oder an seiner Einstellung. Ich vermute, Letzteres. Und ich nehme mir vor, an meiner eigenen Einstellung, was Arbeit und Stress betrifft, zu arbeiten.

Dann erzählt Justus, dass er über eine Webseite mit Stellenangeboten in den Bergen auf die Alm gestoßen ist. »Im Grunde war es die Sehnsucht, längere Zeit an einem Ort in den Bergen zu verbringen, ohne dabei Besucher oder Tourist zu sein. Einfach mitleben. Sehen, was es alles zu tun gibt, und dann mit anpacken. Dass es hier auf der Blaubergalm viele Tiere gibt, hat mich von Anfang an angesprochen.«

Justus erzählt, er habe bisher noch kaum Bezug zur Landwirtschaft oder zum Versorgen von Tieren gehabt. Früher hat er auf einem Pferdehof mitgeholfen, aber von Melken oder Hüten hatte er keine Ahnung. »Das war auf alle Fälle eine Herausforderung«, meint er. »Aber ich mag gerne auch mal etwas Neues kennenlernen.«

Während er erzählt, lehnt Justus sich zurück, die Schultern locker, die Hände auf den Oberschenkeln. Er spricht langsam und mit Bedacht. Gleichzeitig beobachte ich, dass seine Augen glänzen, als wäre er doch ziemlich geschafft von der Arbeit des vergangenen Tages.

»Du wirkst müde – aber nicht gestresst«, stelle ich fest.

Justus nickt. »Das ist richtig. Ja, es stimmt voll. Ich glaube, das macht mich aber grundsätzlich aus. Ich lasse mich nicht so leicht stressen.«

Also doch die Einstellung, denke ich. Und ich will wissen, ob er diese Stressresistenz schon immer hatte.

»Gute Frage«, meint Justus und blickt in die Ferne. »Ich weiß nicht. Ich glaube, ich kann gut in mich selbst reinhorchen. Und ich habe mich immer mal wieder gefragt: sich stressen zu lassen – lohnt sich das? Nein, also echt: Das lohnt sich nicht. Wenn man eins nach dem anderen macht, Schritt für Schritt, dann geht das auch und macht weniger Stress. Ich bin schon mal müde und aufgedreht. Oft auch beides zugleich. Als selbstständiger Schreiner habe ich viel an der Backe –

wenn ich ein Projekt fertig machen muss, Büroarbeit ansteht und dann noch einer anruft. Da gibt es das Gefühl: ›Ah, jetzt ist es gerade viel.‹ Das kenne ich schon. Aber über die Jahre wurde es weniger. Also, dass ich mich davon habe stressen lassen. Ich weiß mittlerweile, was mir guttut. Wenn ich merke, dass ich unbedingt runterkommen muss, dann schnappe ich mir mein Rennrad und fahre in den Schwarzwald.«

Mich interessiert, ob Justus bereits in den wenigen Wochen hier oben auf der Alm einen Unterschied feststellen kann. »Macht dir die Arbeit hier oben weniger Stress als die Herausforderungen in deinem Beruf als Schreiner?«, frage ich nach.

Justus lässt die Frage auf sich wirken und trinkt einen Schluck. »Hier oben ist es auf jeden Fall anders«, stellt er fest. »Zu Hause bist du ja ständig und immer erreichbar. Wenn die Leute wissen, dass du da bist, dann kontaktieren sie dich. Da sage ich auch mal: ›Jetzt ist Schluss.‹ Dann schalte ich abends einfach mein Handy aus. Hier ist der Handyempfang schlecht. Da ist es also sowieso anders.«

»Dann ist es die Nichterreichbarkeit hier, die dich entspannter sein lässt? Und nicht die Berge?«, frage ich.

»Doch, klar sind es auch die Berge. Die wirken. Das merkst du doch auch, oder?«, fragt er und wirft mir einen schelmischen Blick zu.

Das kann ich nur bestätigen.

»Die Umgebung hier, die Berge – das alles wirkt wie ein Verstärker«, wird Justus wieder ernst. »Die Tage hier auf der Alm sind dennoch lang – und auch anstrengend. Gerade ist der Chef unten im Tal und macht Heu. Da ist hier oben auf der Alm dann noch mehr zu tun. Zu meinen Aufgaben gehört, beim Käsen und Buttermachen zuzuarbeiten. Und ich helfe beim Kochen und Backen mit. Ich versorge die Tiere, mache die Übernachtungslager sauber und repariere Dinge.

Aber ich versuche, in der Balance zu bleiben. Manchmal lege ich mich morgens nach dem Melken noch einmal hin«, gibt Justus zu. »Als ich hier oben angefangen habe, war das wie ein Sprung ins kalte Wasser. Mir war erst nicht bewusst, wie viel Arbeit das ist: früh aufstehen, zweimal am Tag melken, Tiere versorgen, in der Hütte mithelfen – und kein Ruhetag. Seit ich das jetzt erlebe, achte ich darauf, dass ich abends noch ein wenig Luft bekomme. Auch wenn es oft schon spät ist, gehe ich noch eine Runde oder steige auf einen Berg. Wobei ich das manchmal mit meiner Aufgabe verbinde, auf der Weide die Rinder zu zählen und nach ihnen zu sehen. Jedenfalls gibt mir das sehr viel. Es ist schon so, wie ich mir das vorgestellt habe. Mir macht es wirklich Spaß, Sorge für die Tiere zu tragen. Ich merke, das tut mir sehr gut. Und ich lerne hier viel. Dagegen wäre es nicht so mein Ding, den ganzen Tag in der Hütte zu stehen und Gäste zu bewirten. Da springe ich natürlich immer mal ein. Das gehört hier zum Job. Ich mache das, wobei ich gerade gebraucht werde. Daher bekomme ich überall viel mit. Am liebsten bin ich unterwegs in den Wäldern und am Berg, um nach dem Jungvieh zu schauen – ob alle da sind, ob sie gesund sind und noch genug zum Grasen haben.«

Justus fixiert seine Flasche und dreht sie in der Hand. »Da vergisst du alles von zu Hause irgendwie. Hier ist es wie in einer anderen Welt. Man kann gut abschalten. Vielleicht hast du hier auch einfach keine Zeit, um dich mit unwichtigen Dingen zu beschäftigen«, meint Justus.

Als ich ihn frage, ob es auf der Alm etwas gäbe, das ihn herausfordert, muss er länger überlegen.

»Wenn es um das Wohl der Tiere geht«, meint er schließlich. »Ich habe mir schon Gedanken gemacht, ob ich das alles so richtig mache. Der Bauer hat mir aber von Anfang an gezeigt, wie man was macht. Und er hat Geduld und zeigt es noch einmal, wenn es nicht auf Anhieb klappt.«

Justus hält inne, ehe er weiterspricht. »Herausfordernd ist es, wenn man Tiere in einen neuen Weideabschnitt treiben muss. Aber bisher hat es noch immer funktioniert. Es hat keine Hürde gegeben, die unüberwindbar gewesen wäre.«

Dann fällt ihm noch etwas ein, an das er sich erst hat gewöhnen müssen: Der klare, direkte Ton, der hier herrscht. »Aber das ist nicht böse gemeint. Und eigentlich komme ich mit der direkten Art ganz gut zurecht. Wenn man mit verschiedenen Menschen zusammenarbeitet, trifft man ohnehin ständig auf unterschiedliche Persönlichkeiten, auf die man sich einstellen muss. Das ist auch völlig okay. Ich komme ganz gut mit verschiedensten Menschentypen klar.« Er nennt den Umgang hier oben auf der Alm mit einem Augenzwinkern »rustikal«.

Justus wird noch knapp drei Wochen bleiben. Dann ist seine Alm-Auszeit vorbei, und sein Leben im Tal hat ihn wieder. Am Ende unseres Gesprächs bedankt er sich bei mir, denn das Reden hätte ihm die Möglichkeit gegeben, die vergangenen Almtage zu reflektieren. Das habe ihm gutgetan, meint er. Ich bin beeindruckt, wie genau Justus weiß, was er braucht und was ihm guttut!

Langsam wird es kalt hier draußen. Obwohl ich meine dicke Wanderjacke trage und Justus sich einen schwarzen Hoodie über sein Hemd gezogen hat, reiben wir uns beide fröstelnd die Arme.

Schließlich möchte ich noch wissen: »Würdest du es wieder tun?«

»Hier hoch auf die Alm gehen?«, fragt Justus. »Ja. Auf jeden Fall! Mach das ruhig auch mal. Das ist sehr zu empfehlen.«

DAS EINFACHE GENIESSEN

Nach dem Gespräch mit Justus merke ich, dass ich völlig durchgefroren bin. Ich setze mich deshalb noch für eine halbe Stunde in die Hütte. Dort ist der Kachelofen angeschürt, und ich kann mich aufwärmen. Das ist kein großer Luxus, und dennoch ist es gerade genau das, was ich wirklich brauche. Einige Gäste sitzen mit der Hüttenwirtin um einen Tisch und lauschen den Anekdoten von Paulina, der erfahrenen Almfrau.

»Immer mehr Gäste haben es heutzutage eilig. Jede Bestellung muss schnell gehen. Es kommt sogar vor, dass sie noch mal umbestellen, wenn ich sage, dass der Kaiserschmarrn ein wenig Zeit braucht. Ich frage mich manchmal, ob sie bei uns hier oben auf der Alm Urlaub machen oder ob sie auf der Flucht sind«, erzählt sie gerade.

Ich geselle mich dazu, lehne mich zurück und höre zu, bis ich kaum noch aufnahmefähig bin, weil mir immer wieder die Augen zufallen. Also verabschiede ich mich und wage mich an den Leiteraufstieg hoch zu meinem Schlafplatz. Ich schlüpfe in meinen Schlafsack und bin sicher, dass ich sofort wegdämmern werde. Doch leider ist das nicht so einfach. Zwei Männer haben sich bereits schlafen gelegt und liefern sich einen Wettstreit im Schnarchen. Zudem ist mir in kürzester Zeit wieder kalt, denn das Dach über mir ist nicht isoliert und das kleine Fenster in der Wand entpuppt sich als Öffnung, vor die nur eine Glasscheibe gelehnt ist. Ich höre, wie die Vierte im Bunde das Matratzenlager erklimmt und sich raschelnd in ihren Schlafsack einwickelt. Mitten in der Nacht ziehe ich mir alle Kleidungsstücke an, die ich am Kopfende meiner Matratze abgelegt habe. Doch auch das sorgt nicht für ausreichend Wärme. So liege ich frierend im Dunkeln und lausche dem Schnarchgeräusch-Orchester. In der Morgendämmerung wage ich es nach nur wenigen und kurzen Schlafphasen schließlich doch, die Leiter nach unten zu balancieren, und fühle mich wie gerädert.

Ich trete aus dem Nebengebäude. Die aufgehende Sonne empfängt mich mit milchigem Licht, und ich atme tief durch. Auch wenn ich hundemüde bin, spüre ich, dass der Tag heute besser laufen wird als der gestrige. Mehr noch: Ich weiß, dass ich hier richtig bin. Hier auf dem Weg über die Alpen. Und zwar zu Fuß, aus eigener Kraft. Da ist der Ort, an dem man schläft, wirklich nebensächlich. Aus den Augenwinkeln sehe ich, dass eine Frau aus dem Schlafgebäude tritt. Auch sie ist also ein früher Vogel. Wir grüßen uns flüchtig, denn wir sind beide im Moment noch mehr mit uns selbst beschäftigt. Nach dem Frischmachen und Zähneputzen fühle ich mich trotz Schlafentzug für den Tag gerüstet. Aus der Hütte dringt bereits Geschirrgeklapper. Ich trete ein – und mache große Augen: Der lange Tisch ist liebevoll für das Frühstück gedeckt. Es gibt sonnengelbe selbst gemachte Butter, verschiedene Sorten würzigen Käse, Salami und Marmeladen aus eigener Herstellung. Eine Kanne dampfenden Almkräutertees steht auch auf dem Tisch. Himmlisch! Und eine gute Gelegenheit, für den bevorstehenden Tag Kraft zu sammeln und aufzutanken – nicht nur durch essen, sondern auch dadurch, dass ich das, was mir hier angeboten wird, schätze und mich darüber freue. Nach und nach treffen immer mehr Gäste ein. Wir nehmen Platz und beginnen, uns das besondere Frühstück schmecken zu lassen.

Der würzige Tee weckt meine Lebensgeister. Noch eine Tasse Kaffee hinterher, und ich vergesse die kalte Nacht mit Schlafentzug. Zuerst wird wenig gesprochen, doch als der Almbauer beginnt, von der Geschichte der Blaubergalm zu erzählen, tauen alle auf.

An der Stirnseite des Tisches neben dem Almbauern sitzt ein Paar, mit dem ich bisher nur wenige Worte gewechselt habe. Als ich schon aufbrechen will, fragen sie mich, wohin mich heute mein Weg führt. So lerne ich Ines und Lutz kennen. Überrascht stelle ich fest, dass sie ebenfalls eine Alpenüberquerung machen und wir heute Abend wieder in derselben Unterkunft schlafen werden. Weil das Paar noch etwas sitzen bleiben möchte, gehe ich allein los. Aber heute Abend werde ich mir Zeit nehmen, um die beiden näher kennenzulernen.

ETAPPE 2

WER SICH NICHT ENTMUTIGEN LÄSST, WIRD BELOHNT

Von der Blaubergalm
bis Achenkirch

BERGAB ZUM SEE

Nach den schönen Erlebnissen auf der Blaubergalm schlendere ich nun bei herrlichem Sonnenschein über den schmalen Zufahrtsweg. Nur knapp 15 Kilometer werden es heute sein. Erst geht es über mehrere Kehren bergab. Jeder Schritt fühlt sich leicht an. Das Gewicht meines Rucksacks spüre ich kaum. Dafür nehme ich die Umgebung umso intensiver wahr. Das Panorama ist wie aus dem Bilderbuch. Die Gipfel des Rofangebirges im Blick, das Gebimmel der Kuhglocken im Ohr und den Geruch von Bergkräutern in der Nase – diese Eindrücke versuche ich zu konservieren, während ich mich Richtung Tal bewege. Ich staune über die üppige Flora. Und darüber, dass ich noch blühendes Johanniskraut und Schlüsselblumen entdecke. In meinem Garten fand ich das im Frühling und um Mittsommer, also Wochen zuvor. Ich weiß nicht, ob es an der Höhe oder dem langen Winter in diesem Jahr liegt, aber die Blühzeiten der Blumen hier oben sind reichlich später als im Tal.

Eine schwarz-weiß gefleckte Kuh stellt sich mir in den Weg. Sie geht auf Tuchfühlung und schnuppert an meinem Rucksack. Ich muss ausweichen und ein Stück durch die morastige Wiese waten. Das ist aber auch schon die einzige Herausforderung. Als ich mich nach dem Abstieg umdrehe, sehe ich die Blaubergalm hoch über mir thronen. Ich setze meinen Abstieg fort, der mich schon bald in einen Wald hineinführt. Neben mir plätschert der Klammbach. An einem Baum entdecke ich ein rostiges Blechschild, das mich in vier Sprachen darauf hinweist, dass hier Fischen verboten ist. Der Schatten, den die Felsen und Bäume spenden, ist mir sehr willkommen. Ich gehe an einem riesigen Ameisenhügel vorbei. Dort herrscht scheinbar wildes Durcheinander. Ich bewundere kurz das Gewusel, dann gehe ich weiter. Im immer gleichen Trott kann ich Schritt für Schritt meinen Gedanken nachhängen. Ich muss an Justus denken und daran, dass er sich bewusst gegen Stress entschieden hat. Das werde ich heute auch tun. Dann wird es schließlich flacher. Beinahe hätte ich die Beschilderung an der Abzweigung übersehen, die mich ins etwas mehr als vier Kilometer entfernte Achenkirch führen soll. Jetzt geht es noch einmal steil bergauf, was mich nicht weiter stört. Im Gegenteil: Ich mag das Gefühl, mich ein wenig anstrengen zu müssen. Immerhin bin ich bei einer Alpenüberquerung! Als der Anstieg geschafft ist, befinde ich mich direkt über dem Achental. Nun fällt der Weg sanft ab, und ich erreiche schon bald die ersten Häuser. Der letzte Abschnitt ist dann weniger reizvoll. Außerdem steht die Sonne im Zenit und brennt vom Himmel. An der Straße entlang geht es nach Achenkirch-Nord. Dort finde ich glücklicherweise schnell die Pension, in der ich ein Zimmer reserviert habe. Das Haus im alpenländischen Stil liegt mitten in einer Wohnsiedlung. Am umlaufenden Balkon hängen Blumenkästen, aus denen üppige Geranien quellen. Ich trete ein und bin voller Vorfreude, nach der Katzenwäsche von gestern eine Dusche zu bekommen.

Im Haus ist es kühl. Es riecht wie frisch geputzt. Rechts geht es zur kleinen Rezeption, an der niemand zu entdecken ist.

»Hallo?«, rufe ich in die Stille.

Wenige Augenblicke später taucht ein Mann auf. Er lächelt mich an und zuckt bedauernd mit den Schultern, als ich nach meinem Zimmer frage. »Das kannst du erst in drei Stunden beziehen«, erklärt er mir mit niederländischem Akzent. »Aber du kannst dein Gepäck gerne dalassen und in der Zwischenzeit ein Hotelrad nehmen und zum See fahren«, schlägt er vor.

Wie bitte? Bis zum Ufer des Achensees sind es von hier aus knapp sechs Kilometer. Gut, die Etappe heute war nicht sehr anstrengend. Dennoch bin ich verschwitzt, und meine Beine sind schwer. Eine Radtour ist das Letzte, was ich jetzt brauche! Also erkläre ich dem Pensionswirt, dass ich mich auf die Bank vor dem Haus in den Schatten setzen und erst wieder aufstehen werde, wenn mein Zimmer bezugsfertig ist.

»Na gut. Aber wenn du es dir anders überlegen solltest …«, meint er, öffnet die Tür und deutet auf die drei Hollandräder neben dem Eingang. Ich schüttle den Kopf, ziehe den Rucksack von den Schultern und lasse mich auf die Bank fallen. Als der Wirt wieder im Haus verschwindet, kann ich mir ein Schmunzeln nicht verkneifen. Ich finde es amüsant, dass ein Niederländer eine Pension in Tirol betreibt und seinen Gästen Hollandräder zum Leihen anbietet.

Ich lehne meinen Kopf an die Hauswand und schließe die Augen. Die Entscheidung, mich von den Hindernissen des ersten Tages nicht entmutigen zu lassen, war richtig. Ich fühle mich zwar gefordert, aber zufrieden und guter Dinge. Und ich beschließe, dass ich mich von der unbeabsichtigten Wartezeit, bis ich endlich duschen kann, nicht aus der Ruhe bringen lasse, sondern sie einfach dazu nutzen werde, hier zu sitzen und den Blick ins Leere zu richten. Justus fände das sicher gut.

Es dauert schließlich keine Stunde, bis der Pensionswirt vor die Tür tritt und mich angrinst. »Heute ist dein Glückstag«, sagt er. »Dein Zimmer ist schon fertig.«

Ich hebe dankbar meinen Rucksack hoch und folge ihm ins Haus. Im ersten Stock wartet ein kleines Zimmer auf mich. Es ist ein wahrer Genuss, die Wanderschuhe von den Füßen zu streifen. Nach einer heißen Dusche, die nicht nur meine Nackenmuskeln weich macht, sondern alle Anstrengung von mir wäscht, fühle ich mich frisch, unternehmungslustig und jeder Herausforderung gewachsen. Was so eine kleine Pause bewirken kann! Nur wenn man gut für sich sorgt und Auszeiten einplant, kann man auch stark und belastbar sein. So viel habe ich nun schon gelernt.

Nachdem ich mich beim Italiener um die Ecke mit einer Pizza gestärkt habe, nehme ich den Bus zum See. Dort schlendere ich am Ufer entlang. Die Berg-See-Perspektive nimmt mich sofort gefangen.

Ich setze mich auf eine Bank und sehe Stand-Up-Paddlern und vergnügt planschenden Kindern zu. Eine Welle von Wärme durchflutet mich, als ich denke: Hier darf ich sein. In dieser wunderbaren Umgebung fühle ich mich gerade wohl und zufrieden. Begeistert lasse ich die Kakophonie aus Wasserplätschern und fröhlich klingenden Stimmen auf mich wirken. Der Pensionswirt hatte recht: Heute ist wirklich ein Glückstag.

Nach kurzer Regenerationszeit bin ich erstaunlich motiviert und frisch. Deshalb beschließe ich, den Weg zurück zur Pension zu Fuß zu gehen. Auf halber Strecke lege ich dann noch einen Stopp ein, denn dort befindet sich die Praxis des Bergmediziners Thomas Waldhart, gleich bei den Liften zum Skigebiet. Ich brauche keine medizinische Versorgung. Es ist mehr das Interesse an dem, was der Mann macht, das mich zu diesem Abstecher bewegt. Dr. Waldhart ist bei der Bergrettung in Achenkirch tätig. Und natürlich ist er ein Bergmensch. Schon vor meiner Alpenüberquerung habe ich das Treffen mit dem Mediziner verabredet. Seine Vita hat mich beeindruckt: Er ist nicht nur Hubschraubernotarzt, sondern hat auch auf einer Himalaya-Expedition sein Diplom als Expeditionsarzt erworben, hat weltweit höchste Gipfel bestiegen und Extremsportler bei Wettkämpfen medizinisch betreut. Ich bin gespannt, was er über Berge, Widrigkeiten und den Umgang damit zu erzählen hat.

DIE EIGENEN GRENZEN KENNEN

Gespräch mit Bergarzt Thomas Waldhart

Die Praxis von Thomas Waldhart ist im selben Gebäude wie das Hotel *Achentaler Hof* – was nicht verwunderlich ist, denn das Haus gehört dem Arzt und er kümmert sich neben seiner Tätigkeit als Mediziner auch um den Hotelbetrieb. Thomas Waldhart hat mich schon erwartet. Er bittet mich herein, und wir nehmen in seinem Wohnzimmer Platz. Der Raum ist hoch und offen, die frei liegenden Balken lassen ihn heimelig wirken. Überall stehen oder hängen Skulpturen, Textilien, Bilder – unzählige Gegenstände aus anderen Kulturen. Er folgt meinem Blick. »Das sind Dinge aus Tibet, Paraguay und Neuseeland. Ich war schon viel unterwegs. Und ich habe von überall etwas mitgebracht. Aber das Wichtigste, was man von Reisen mitnehmen kann, sind nicht Gegenstände, sondern Erinnerungen. Ich kann nur jedem jungen Menschen raten, sich zu trauen und früh damit zu beginnen, die Welt zu bereisen. Das verändert einen.«

Thomas ist Mitte 40 und hat schon viel erlebt, nicht nur auf der ganzen Welt, sondern auch vor seiner Haustür hier in Achenkirch – als Arzt und Teil der örtlichen Bergrettung.

»Ich kann mir vorstellen, dass nicht immer alles leicht zu verdauen war. Wie schafft man es, mit herausfordernden Situationen, die man zum Beispiel als Bergretter erlebt, umzugehen und sie zu verarbeiten?«, möchte ich von dem Mediziner wissen.

»Ich glaube, da muss jeder sein eigenes Rezept finden. Ich bin jetzt auch nicht der klassische Bergretter. Ich habe schon dieselbe Ausbildung gemacht, aber in erster Linie bin ich Bergrettungsarzt. Und die Vorstellung der Leute, wie Bergrettung funktioniert, ist oft eine ganz andere, als es in der Realität ausschaut. Also auch anders als im Fernsehen.« Thomas schiebt die Ärmel seines weißen Hemdes zurück und erzählt weiter.

»Hier bei uns in Achenkirch beschränken sich die Bergrettungseinsätze größtenteils darauf, in der direkten Umgebung tätig zu werden. Also zum Beispiel auf der Blaubergalm Alpenüberquerer abzuholen, die den ersten Tourabschnitt unterschätzt haben und erschöpft sind. Wir fahren dann mit dem Auto zur Hütte, laden die Wanderer ein und fahren wieder runter«, meint Thomas.

Das klingt wirklich wenig spektakulär, das muss ich zugeben. Und ich kann mir durchaus vorstellen, dass Menschen, die keine Bergerfahrung haben und die als einfach geltende Alpenüberquerung ohne Vorbereitung starten, gleich zu Beginn an ihre Grenzen kommen.

»Wir haben hier weniger Bergungen aus senkrechten Bergwänden. Die habe ich schon auch erlebt. Aber eher als Hubschraubernotarzt. Da hatte ich filmreife Einsätze mit Taubergungen. Die hätten eher den Vorstellungen der Leute entsprochen, die das Ganze aus dem Fernsehen kennen«, meint Thomas und klingt trotz des ernsten Themas amüsiert.

»Aber hier in Achenkirch ist das nicht das tägliche Brot. Manchmal kommt es schon vor, dass wir jemanden suchen müssen, der vermisst wird. Und das Gebiet, für das wir zuständig sind, ist eines der weitläufigsten in ganz Österreich. Das Karwendel und Teile des Rofans gehören dazu. Das ist für die Bergrettung eines 2000-Seelen-Ortes ein riesiges Einsatzgebiet. Bei Sucheinsätzen nachts oder bei schlechtem Wetter gut zu funktionieren, ist schon eine Herausforderung. Und es kann immer zu schweren oder traumatischen Situationen kommen. Denn natürlich nimmt man Erlebnisse und Bilder von solchen Einsätzen mit. Wenn man das nicht abschüttelt, wird der Rucksack, den man damit füllt, immer schwerer und am Ende zur Last. Es ist sinnvoll, dass man sich ein Konzept zurechtlegt, um damit umzugehen. Man hat beispielsweise jederzeit die Möglichkeit, sich bei ausgebildeten Psychologen vom Kriseninterventionsdienst Unterstützung zu holen. Mein Weg ist es, mich nach solchen Einsätzen mit Kollegen, die mit dabei waren – also beispielsweise Hubschrauberpilot und Rettungssanitäter –, zusammenzusetzen. Wir holen uns alle eine Tasse Kaffee und sprechen über den Einsatz und das, was uns bewegt. Und wir stehen erst dann auf, wenn wir das Gefühl haben, dass alle gut damit abschließen konnten. Ich finde es wichtig, diese Erlebnisse nicht mit nach Hause zu nehmen. Das ist zumindest mein Rezept: Ich habe sozusagen den Rucksack nach schwierigen Einsätzen am Hubschrauber hängen lassen und nicht zu meiner Familie, zu meiner Frau und den Kindern mit nach Hause genommen. Irgendwie musst du dich abgrenzen.«

Auch wenn Thomas Waldhart seine eigene Strategie hat, mit Belastungen als Notarzt oder Bergretter umzugehen, findet er Krisenintervention sinnvoll. Er selbst hat neben seiner allgemeinmedizinischen auch eine psychologische und psychiatrische Ausbildung, wodurch ihm das bekannt und vertraut ist. Zudem hat er selbst bereits einmal als Helfer nach einem traumatisierenden Erlebnis Unterstützung geleistet.

»1999, als es zu dem schrecklichen Lawinenunglück in Galtür kam, war ich als Ski- und Snowboardlehrer am Arlberg. Wir hatten damals in Zürs eine ganz ähnliche Situation wie in Galtür: Wir waren auf einer Höhe von 1900 Metern in einem Skilehrerhaus. Uns wurde gesagt, dass Zürs von der Außenwelt abgeschnitten sei. Beide Pässe waren gesperrt. Es war Lawinenwarnstufe 5 ausgerufen, und es bestand die Gefahr, dass eine große Lawine auf Zürs stürzt. Wir wurden aufgefordert, nachts mit einem Lawinenpiepser zu schlafen. Das war für uns Skilehrer und Skilehrerinnen eine extrem belastende Situation, weil uns bewusst war, dass wir da jetzt nicht rauskommen. Wir hatten alle Angst. Was geholfen hat, war, die Ängste in der Gruppe zu teilen, miteinander zu sprechen. In einer dieser Nächte ging die Lawine dann ab – aber nicht in Zürs, sondern ein paar Kilometer weiter in Galtür. Sie hat 38 Menschen das Leben gekostet. Ich wurde damals von dem dortigen Kriseninterventionsteam angefordert, um mit Helfern vom Bundesheer zu sprechen. Die haben in Galtür, auf gut Deutsch gesagt, die Leichen ausschaufeln müssen. Da habe ich auch die andere Seite gesehen, bin in die Helferrolle gegangen. Hier war es wichtig, genau hinzuschauen, was die Leute gerade in diesem Moment brauchen. Es ist nicht besonders hilfreich, zu einem traumatisierten Menschen hinzugehen, ihn vollzuquatschen oder zu sagen: ›Ach, das wird schon wieder.‹ Manche brauchen nach solchen Erlebnissen ihre Ruhe. Manche brauchen das Gefühl, dass jemand da ist, der einen versteht, oder einfach nur eine Umarmung. Wieder andere brauchen Informationen, wie es jetzt weitergeht. Wenn man in Krisen seine Hilfe anbietet, dann muss man selbst auf jeden Fall ein hohes Maß an Sensibilität mitbringen.«

Ich kenne Galtür, war schon mehrmals dort zum Wandern. Deshalb oder einfach, weil diese Schilderung nicht spurlos an einem vorübergehen kann, bin ich sehr berührt von Thomas' Worten. Wir schweigen ein paar Augenblicke ganz einvernehmlich, weil jeder von uns ein bisschen Zeit braucht, damit sich das, was gerade aufgewühlt wurde, wieder setzen kann.

»Nachdem du in und mit den Bergen schon so extreme Situationen erlebt hast, würdest du trotz allem sagen, Berge können so etwas wie Medizin sein?«, frage ich nach einer Weile.

»Ja, natürlich«, sagt Thomas sofort und mit Nachdruck in der Stimme. »Berge bedeuten Energie.«

Thomas' Miene hellt sich auf. »Ich schöpfe einen Großteil meiner Kraft aus den Bergen. Meine Beziehung zu ihnen hat eine lange Geschichte. Mein Vater hatte das Hotel schon, als ich Kind war. Viele Wanderer sind hier abgestiegen. Und er ist oft mit den Gästen und auch mit uns Kindern auf Hütten und Gipfel gewandert. Ich bin also nicht nur, was meine Umgebung betrifft, in die Bergwelt und das Berggehen hineingeboren. Schon als kleiner Bub war ich immer einer, der lieber draußen unterwegs war, der begeistert Staudämme und Baumhäuser gebaut hat, statt vor dem Fernseher zu sitzen. Meine Liebe zu den Bergen fing sehr früh an. Und sie ist bis heute nicht weniger geworden. Das Interesse an der Medizin kam erst später dazu. Vor der Matura habe ich in einem Krankenhaus als Pflegeassistenz gearbeitet und dabei gemerkt, dass mich das Medizinische wirklich interessiert. Also habe ich angefangen, Medizin zu studieren. Danach habe ich nicht sofort einen Ausbildungsplatz für den praktischen Teil bekommen. Deshalb habe ich erst mal am Arlberg als Snowboardlehrer und Skiführer gearbeitet. Ich habe mir damals sogar kurz überlegt, ob ich das mit der Medizin bleiben lassen und einfach als Skilehrer weiterarbeiten sollte«, gibt Thomas lachend zu. »Aber dann hat doch die Vernunft gesiegt. Die Berge und die Medizin, das sind zwei Wege, die sich in meinem Leben immer wieder gekreuzt haben. Da gibt es ständig Berührungspunkte.«

Thomas erzählt, dass er sich immer wieder Zeit nimmt, um in den Bergen unterwegs zu sein, obwohl er als Arzt und auch als Hotelier eingespannt ist. Besonders gerne ist er dort unterwegs, wo nur wenige Menschen sind.

»Ich gehe auch gerne allein. Ich mag diese Stille. Die Natur. Ich glaube, das kann man besonders intensiv erleben, wenn man nicht abgelenkt ist. Wenn ich im Winter eine Skitour mache und 15 Stunden unterwegs bin, dann komme ich voller Energie und Kraft wieder. Da wundern sich andere oft und denken, dass ich doch jetzt müde sein müsste. Aber genau das Gegenteil ist der Fall! Im Alltag gibt es viele Dinge, die Energie saugen. Die kann ich mir bei Bergtouren wieder zurückholen.«

Thomas hat einen elfjährigen Sohn und eine achtjährige Tochter. Und natürlich nimmt er die beiden mit in die Berge. »Die sind das von klein auf gewohnt. Sobald die beiden selbst ihren Kopf halten konnten, haben meine Frau und ich sie in der Buckelkraxe mitgenommen. Oder sie in einen Bollerwagen gesetzt und mit hochgezogen. Ich habe eine eigene Alm auf 1500 Metern. Da kann man auch übernachten. Das finden meine Kinder richtig toll. Wenn man abends auf dem Holzofen kocht, ist das natürlich spannend. Und sie erleben so, wie das Leben früher ablief. Es ist schön, dass meine Kinder sehen, dass nicht alles selbstverständlich ist. Ich durfte diese Lektion auch von meinen Großeltern und Eltern lernen. Das und die Liebe zu den Bergen gebe ich gerne an meine Kinder weiter. Und sie übernehmen es. Mein Großer geht sehr gerne klettern. Meine Tochter lässt sich eher für die Tierwelt begeistern. Sie liebt Murmeltiere und beobachtet Steinböcke oder Gämsen. Ich finde es wichtig, zu schauen, was die Kinder wollen, und sie nicht einfach mitzuschleppen. Sonst würde man ihnen die Liebe zu den Bergen echt abgewöhnen«, ist sich Thomas sicher.

Ich merke, dass Thomas nicht nur Bergmensch, sondern auch ein begeisterter Familienmensch ist. Und ich bin mir sicher, dass das ein wichtiger Aspekt ist, der ihm Halt gibt und es ihm ermöglicht, belastende Erlebnisse zu verarbeiten.

»Am Anfang hast du erzählt, dass du viel herumgekommen und gereist bist. Wo hat das neben Familie, Arztpraxis und Hotel denn noch Platz?«, frage ich nach.

»Viele Reisen habe ich vor der Familienphase unternommen. Und bei einigen waren die Kinder dabei. Meine erste große Reise habe ich mit 17 gemacht. Ich bin als Schüler für mehrere Monate nach Südafrika gegangen. Dort habe ich Apartheid kennengelernt, habe die Probleme des Landes live gesehen. Ein Land lernst du halt erst so richtig kennen, wenn du länger vor Ort bist. Ich wollte danach sogar Diplomat werden. Dann habe ich aber irgendwann gemerkt, dass manche Länder weniger Diplomaten als medizinische Hilfe brauchen. So war mein Medizinstudium dann doch die richtige Wahl.

Mein Studium musste ich zwischendurch für zwei Jahre unterbrechen, weil ich keine Studienbeihilfe bekommen habe und daher arbeiten und Geld verdienen musste. Zunächst als Snowboardlehrer und dann auch in anderen Jobs. Danach hatte ich ausreichend Geld, sodass noch etwas fürs Reisen übrig blieb. Ich habe meinen Rucksack gepackt und bin für ein paar Monate nach Neuseeland. Zwei Jahre später habe ich im Golan in Israel Snowboardlehrer ausgebildet. Kurz vor Ende meines Studiums war ich in Vietnam und Kambodscha und habe dort zwei Monate in einem Krankenhaus mitgearbeitet. Südamerika habe ich 2008 durchquert. Das war kurz nach meiner praktischen Ausbildung und bevor ich fest in einer Praxis angefangen habe. Nachdem ich schon als Arzt arbeitete, habe ich mit einem Extremsportler, der an einem Radmarathon von der US-amerikanischen Westküste zur Ostküste teilgenommen hat, als sein Sportarzt Nordamerika durchquert. Ich war immer mit dem Rucksack unterwegs. Sehr einfach und sehr individuell.«

Auf seinen Reisen hat Thomas viele Kontakte geknüpft. Daraus sind manche Freundschaften entstanden, die seither Bestand haben. »Besondere Momente und gemeinsame Erlebnisse schweißen zusammen«, meint er.

Seine Reisen haben auch immer wieder einen Bezug zu Bergen. »Du warst auch im Himalaya«, hake ich nach.

Thomas nickt. »Und ich habe alle 14 Achttausender zumindest einmal gesehen. Ich war in Pakistan, in Nepal und in Tibet, habe den Kailash umrundet. Vom Summit Club des Deutschen Alpenvereins wurde ich gebeten, auf eine Achttausender-Expedition als Arzt mitzugehen. Damals war unser Sohn drei Monate alt. Ich habe lange mit meiner Frau überlegt, ob das überhaupt geht, dass ich jetzt einfach zwei Monate weg bin. Schließlich haben wir uns dazu entschieden. Ich habe dafür dann viele Jahre auf größere Unternehmungen der Familie zuliebe verzichtet.«

Nun sind die Kinder größer, und mittlerweile zieht es Thomas doch wieder weiter weg. Er befindet sich gerade mitten in der Vorbereitungsphase für eine Expedition in Pakistan. »Ein Freund will vom Broad Peak, dem zwölfthöchsten Achttausender und ein Nachbar des K2, mit dem Gleitschirm herunterfliegen. Er hat mich gefragt, ob ich ihn als Arzt begleiten würde. Und da musste er mich nicht zweimal fragen«, meint Thomas. Dann legt er den Kopf schief. »Meine Kinder finden es nicht ganz so toll, dass ihr Papa zwei Monate lang weg sein wird. Aber sie können schon damit umgehen. Vor drei, vier Jahren wäre das noch völlig unmöglich gewesen.«

Thomas erzählt mir, wie er sich auf die Expedition vorbereitet. »Ich mache lange Touren – 8 bis 15 Stunden – mit schwerem Rucksack und übernachte draußen im Biwak. Bei der Expedition werden die Touren noch länger sein, 12 bis 14 Stunden. Es ist wichtig, in die langen Belastungen reinzukommen und sich vorher abzuhärten. Das Basislager bei dieser Tour ist auf rund 4500 Metern – und von dort aus startet man erst. Da ist die Luft schon sehr dünn. Deshalb sollte man seinen Körper vorbereiten und eine gute Fitness haben. So eine Unternehmung soll ja nicht an der eigenen Kondition scheitern. Das wäre schon extrem schade.«

Der Arzt beschreibt sich selbst als beharrlich und konsequent. »Ich glaube, diese Persönlichkeitsmerkmale habe ich in die Wiege gelegt bekommen. In gewisser Weise bin ich sicher auch stur. Aber ich mache Dinge nicht mit der Brechstange. Ich kenne meine Grenzen. Das ist auch wichtig, wenn man auf einen Achttausender will.«

Thomas war als Expeditionsarzt schon einmal auf dem Weg zum Gipfel des Broad Peak. Dort hat er erlebt, was es bedeutet, sich in der Todeszone oberhalb von 7500 Höhenmetern aufzuhalten. »Da oben ist es schon echt anstrengend. Da baust du auch in Ruhephasen ab. Der Puls ist immer enorm hoch. Wenn man dann falsche Entscheidungen trifft, ist das fatal. Das kann bedeuten, dass du Gliedmaßen verlierst, oder noch Schlimmeres. Deshalb ist es wichtig, den Punkt zu finden, an dem es besser ist, umzukehren. Damals haben wir auf 7850 Meter – etwa 200 Höhenmeter unter dem Gipfel – umgedreht, obwohl wir wussten, dass wir den restlichen Aufstieg körperlich schaffen würden. Aber das Wetter hat ein Weitergehen nicht zugelassen. Die Windböen hatten eine Geschwindigkeit von über 100 Stundenkilometern. Es war kaum noch Sicht. Unter diesen Bedingungen hat man auf einem Berg – auch in heimatlichen Gefilden – einfach nichts mehr verloren. Wir mussten also umdrehen. Ich glaube, die großen Bergsteiger, allen voran Reinhold Messner, die leben heute noch, weil sie im richtigen Moment umgedreht haben. Messner ist auf allen 14 Achttausendern ohne Sauerstoff gewesen und hat dafür über 30 Versuche gebraucht. Das heißt auch, dass er öfter umgedreht als am Gipfel angekommen ist. Die Entscheidungen haben ihm sicherlich das Leben gerettet. Das muss man können: über seine eigenen Ambitionen nachdenken und sich im Zweifel gegen ein gestecktes Ziel entscheiden. Das ist auf dieser Höhe übrigens gar nicht so einfach. Denn dein Hirn arbeitet dort oben dreimal langsamer als unten im Tal. Auf achttausend Metern Höhe steht unserem Gehirn nur ein Drittel Sauerstoff zur Verfügung. Das nervt etwas, denn man braucht dadurch ziemlich lange, bis man zu Entscheidungen kommt.«

Thomas war auf den heimischen Bergen, auf Fünf-, Sechs-, Sieben- und Achttausendern. Am Ende unseres Gesprächs möchte ich noch wissen, ob er einen Lieblingsberg hat. Die Frage scheint Thomas zu gefallen. Seine Augen leuchten, als er antwortet. »Mein Lieblingsberg? Ja, es gibt schon einen, zu dem ich eine ganz besondere Beziehung habe. Der ist hier ganz in der Nähe. Das ist die Schreckenspitze. Den bin ich sogar als Erster vom Gipfel aus über die sehr steile Ostflanke mit dem Snowboard runtergefahren. Bisher gibt es wohl wenig

Wiederholer«, erzählt er, und in seiner Stimme schwingt ein gewisser Stolz mit. »Die Schreckenspitze ist aber auch ein Berg, auf den ich einfach gerne raufgehe. Ich habe sie schon von allen Seiten bestiegen. Von dort oben kann man tief ins Karwendel schauen. Ein toller Berg.«

Thomas hält kurz inne, ehe er weiterspricht. »Mich zieht es zwar immer fort, aber ich bin auch unheimlich gerne zu Hause. Je mehr ich unterwegs bin, desto mehr merke ich, wie gut wir es hier eigentlich haben. Natürlich gibt es auch Sorgen und Nöte. Aber im Vergleich zu anderen Ländern sind das meist Luxusprobleme. Ich schätze es sehr, was ich hier zu Hause alles habe: reine Luft, gutes Wasser und ein funktionierendes Gesundheitssystem. Das alles ist für uns so selbstverständlich, dass wir oft vergessen, dass das anderswo auf der Welt gar nicht so ist. Es ist wichtig, dass wir das nicht aus dem Blick verlieren und Dinge, die wir hier haben, auch wieder mehr schätzen lernen."

Ein schönes Schlusswort, finde ich.

GLEICHGESINNTE FINDEN

Als ich mir abends – auch wenn das bei einer Alpenüberquerung etwas schräg klingt – noch einmal die Beine vertreten will, entdecke ich das Paar von der Blaubergalm im Garten der Pension. Ines und Lutz sitzen an einem Tisch und winken mir zu. Vor ihnen stehen Weißwein und Wasser. Ich setze mich zu ihnen, und wir beginnen zu plaudern. Es fühlt sich an, als würden wir uns schon lange kennen. Vielleicht ist die gemeinsame Alpenüberquerung eine so starke Verbindung, dass sie es möglich macht, ein erstes Herantasten mühelos zu überspringen. Schnell erfahre ich mehr. Ines ist 60, Lutz 63. Sie wohnen in der Nähe von Rostock und erzählen mir, dass sie, wenn sie zu Hause in ihrem Garten sitzen, die Ostsee riechen können. »Hier riecht es anders«, sagt Lutz. Ich schnuppere. Auch wenn wir gerade im Tal sind, entsteht die Idee von Bergluft, die uns um die Nase weht.

Der Abend vergeht wie im Flug. Eigentlich bin ich allein unterwegs. Das war der Plan. Aber Ines, Lutz und ich sind uns sofort sympathisch. Ich habe das Gefühl, eine Alpenüberquerung ist dem Jakobsweg gar nicht so unähnlich: Menschen gehen allein los. Dann begegnen sie anderen, die auf demselben Weg sind. Damit teilt man sich von Anfang an schon einmal mehr, als es bei zufälligen Begegnungen sonst der Fall ist. Schnell ist klar: Wir wollen morgen nach einem zeitigen Frühstück gemeinsam starten. Deshalb verabschieden wir uns bald, um noch etwas Schlaf zu bekommen. Die Begegnung mit Ines und Lutz verleiht dem Tagesende eine warme Note. Und ich spüre, dass mir die Idee einer Begleitung guttut. Ich kann die Überquerung der Alpen alleine schaffen, da bin ich mir sicher. Aber ich muss es nicht. Eine anstrengende Strecke – im wörtlichen und im übertragenen Sinne – mit jemandem zu teilen, ist entlastend. Ich freue mich darauf, morgen meinen Plan, allein unterwegs zu sein, über Bord zu werfen und ein Stück Weg mit anderen Menschen zu teilen.

ETAPPE 3

DIE SORGEN IM TAL LASSEN

Von Achenkirch
über Maurach
nach Fügen

AM WASSER ENTLANG

Beim Frühstück wird aus unserem frisch gegründeten Wandertrio plötzlich ein Quartett. Sandra gesellt sich zu uns. Auch sie macht die Alpenüberquerung, hat allerdings zu Beginn eine etwas andere Route gewählt. Sie wird von ihrem Hund Jackx begleitet.

Wir nehmen den nächsten Bus, um zum Ausgangspunkt unserer Tagesetappe zu gelangen, die direkt am See beginnt.

Während Ines und Lutz vorangehen, warte ich auf Sandra, die noch in ihrem Rucksack kramt. Dann beeilen wir uns, um wieder aufzuschließen. Währenddessen erzählt Sandra, dass sie schon gestern einen Wegbegleiter gehabt habe. Ein junger Mann sei die meiste Zeit der Strecke mit ihr gegangen. Getrennt hatten sie sich erst, als er seinen Weg fortsetzte, um bis zum Campingplatz am Seeufer zu gelangen. »Er wollte im Zelt schlafen. Das finde ich ganz schön abenteuerlich. Ich war froh, ein Bett für die Nacht zu haben«, meint Sandra. »Jetzt bin ich gespannt, ob ich ihm heute noch einmal über den Weg laufe.«

Kaum hat sie den Satz ausgesprochen, tritt ein Mann mit

schwarzem Shirt, kurzer Hose, einem prallvollen Rucksack und Wanderstöcken aus einem Seitenweg. »Servus«, grüßt er grinsend.

Sandra lacht überrascht auf. »Und da ist er auch schon«, meint sie verblüfft.

»Ich bin Andal aus München«, stellt er sich mir vor. »Andal mit -al am Ende.« Das ist ihm wichtig. Er erzählt, dass er das Wochenende mit Freunden auf einer Hütte im Zillertal verbringen möchte, und sich entschieden hat, zu Fuß anzureisen. Wie selbstverständlich schließt er sich Sandra und mir an, und kurz darauf treffen wir wieder auf Ines und Lutz. Unser Weg führt nun zurück zum See. Hier beginnt der Mariensteig. Am Steilufer entlang eröffnet sich uns ein traumhafter Ausblick auf den Achensee. Immer wieder muss ich stehen bleiben, schauen, staunen und Fotos machen. Doch auch wenn die heutige Etappe keine Orientierungsschwierigkeiten birgt, denn der Weg führt immer am See entlang, haben es einzelne Abschnitte durchaus in sich: Es geht über Wurzeln, Steinstufen, schmale Aufstiege mit Halteseil und felsige Abstiege auf und ab. Rechts von uns ist die Felswand, links der steile, grasbewachsene Abhang zum See. Ines und Lutz drosseln ihr Tempo. Sandra, Andal und ich haben eine ähnliche Geschwindigkeit, und es macht Spaß, zu dritt so im Gleichklang zu wandern. Ich rufe Ines und Lutz noch zu, dass wir bei der Gaisalm auf sie warten werden. Dann sind die beiden schon außer Sichtweite.

Sandra, Andal und ich gehen mal schweigend, mal plaudernd, mal nebeneinander, mal hintereinander. Links begleitet uns der türkisblaue, beinahe magisch wirkende See wie eine Einladung, die Fantasie spielen zu lassen – wer weiß, welche Elfen, Trolle und sonstige Wesen sich hinter den Felsvorsprüngen verstecken und Pläne schmieden, um die Wanderer zu überraschen. Ich genieße es, Teil dieser kleinen Gruppe zu sein. Menschen um mich zu haben, die ich bis heute nicht kannte, und die mir dennoch sofort vertraut sind. Es tut gut, sich auszutauschen, gemeinsam über die Aussicht zu staunen, uns gegenseitig bei einem schwierigen Abschnitt zu motivieren. Eine Treppe aus Felsblöcken ragt plötzlich vor uns auf. Es scheint, als würde sie hoch oben im Nirgendwo enden. Mutig steigen wir Stufe um Stufe nach oben.

Schließlich kommt die Alm in Sicht. Sie thront auf einem Schwemmkegel und ist nur zu Fuß oder mit dem Schiff erreichbar. Die Stufen nach unten gehen wir beschwingt und voller Vorfreude auf ein kühles Getränk und eine Pause. Doch zuvor nimmt Sandras Hund noch ein kleines Bad im See. Dann steuern wir den Garten der Alm an und lassen uns auf einer Bank nieder. Fast die Hälfte der heutigen Etappe ist schon geschafft. Kurz darauf treffen auch Ines und Lutz ein. Wir sitzen zu fünft am Tisch und prosten uns mit Wasser und Saftschorle zu. Jackx hat sich darunter im Schatten ausgestreckt. Bestimmt wirken wir auf andere Gäste, als seien wir langjährige Wanderfreunde. Das liegt sicher daran, dass wir sehr vertraut miteinander umgehen. Wir haben alle ein gemeinsames Ziel und haben bereits ein Stück Weg miteinander geteilt. Auch wenn ich das in dem Moment noch nicht weiß: Die Verbindung wird über die Alpenüberquerung hinaus halten. Und sie wird mich in den kommenden Tagen stärken und mir helfen, meinen Weg durchzuhalten.

Nach der kleinen Erfrischung setzen wir unsere Wanderung fort. Als wir in einen Wald treten, verschwindet der See erst einmal aus unserem Blickfeld. Nach einigen Minuten stehen wir vor einem Geröllhang, den wir queren müssen. Weil die Wetterverhältnisse gut sind und weder Nebel noch Regen die Sicht trüben, sehen wir, wo der Weg am anderen Ende des Steinfeldes weitergeht. Am Waldrand auf der anderen Seite treffen wir wieder auf unseren Pfad. Der wurzelige Weg führt uns schließlich zurück zum Steilufer mit wundervollem Ausblick zum Achensee. Dann wird es wieder felsig, und ein Stahlseil sichert die Stufen nach oben ab. Vor einer Galerie, über der ein kleiner Wasserfall in die Tiefe rauscht und unter der wir hindurchmüssen, drücken wir uns hintereinander an die Felswand, um den Gegenverkehr durchzulassen. Wie es unter Wanderern üblich ist, grüßen wir und bekommen ein »Dankeschön« zugerufen. Dann ist der Weg wieder frei, und wir gehen im Gänsemarsch mit Hund Jackx als Nachhut den schmalen Weg weiter. Kurz darauf finden wir uns an einer breiten, gekiesten Uferpromenade wieder, die uns direkt nach Pertisau führt. Ines, Lutz, Sandra und ich beschließen, das letzte Stück am See mit dem Schiff abzukürzen, denn sonst müssten wir an der Straße entlanglaufen, wozu wir nach dem idyllischen Weg keine Lust haben. Bevor wir die Schiffsanlegestelle suchen, machen wir noch eine kleine Rast an einer Bank am Ufer. Mit Ines, Lutz und Sandra werde ich in den kommenden Tagen immer wieder Wegabschnitte teilen. Von Andal müssen wir uns am Südufer des Achensees verabschieden, ab hier wird er einen anderen Weg einschlagen. Doch bevor sich unsere Wege trennen, nimmt er sich erst noch Zeit, um mir ein wenig von sich zu erzählen.

IN DEN BERGEN SICH SELBST BEGEGNEN

Gespräch mit Weitwanderer Andal

Andal heißt eigentlich Andreas, ist 45 Jahre alt, arbeitet in der IT-Branche und lebt mit seiner langjährigen Freundin in München.

»Ich habe mein Leben lang schon die Berge vor der Nase. Aber gewandert bin ich früher nie. Was ich als Kind hingegen geliebt habe, waren Lagerfeuer, Camping und Abenteuer«, beginnt er seine Schilderung. »Wir hatten zwei Kilometer entfernt einen Baggersee. Dort habe ich meinen ersten Urlaub allein verbracht. Mit Freunden. Fünf Tage. Da war ich 13. Wir haben gezeltet und Lagerfeuer gemacht. Wenn das Essen ausging, bin ich schnell nach Hause geradelt und habe Nachschub geholt.«

Andal ist gerne in der Natur unterwegs. Zu Fuß oder auch mit dem Fahrrad. Die Leidenschaft für Berge kam erst später. Davor gab es eine andere: »Bis Anfang der Zweitausenderjahre war ich ein begeisterter Techno-Fan. Mein großer Bruder war damals in München ein bekannter DJ. Deshalb durfte ich schon mit 16 bei diversen Veranstaltungen dabei sein. Techno hat mich total inspiriert. Ich habe irgendwann auch selbst bei Partys aufgelegt. Als Raver war ich ziemlich viel unterwegs. Ich habe viel von der Welt gesehen und jede Menge Techno getanzt. Zu den Bergen bin ich über die Liebe gekommen. Und auch durch Techno. Da schließt sich der Kreis«, versucht Andal alles in eine Reihenfolge zu bringen. »Beim Feiern habe ich meine damalige Freundin kennengelernt. Sie kam aus Rosenheim. Und sie hat mich zum ersten Mal mit in die Berge genommen. Erst war ich von dem Vorschlag alles andere als begeistert. Aber ich war halt verliebt.« Andal zuckt grinsend mit den Schultern. »Und da bin ich eben mitgegangen. Damals gehörten wir mit Anfang 20 zu den jüngsten Wanderern. Meine erste Bergtour ging auf den Zahmen Kaiser. Ich erinnere mich noch daran, dass es den ganzen Aufstieg lang geregnet hat. Oben am Gipfel war keine Menschenseele, was bei dem Mistwetter kein Wunder war. Als der Regen dann kurz nachgelassen hat, haben wir unsere Decke ausgebreitet. Ich habe damals noch geraucht. Also habe ich mich hingesetzt und eine Zigarette angezündet und dabei gedacht: ›Das ist schon toll.‹ Meine Leiste hat zwar gezogen, weil ich mit ausgelatschten Turnschuhen unterwegs war, und ich war total verschwitzt. Aber trotzdem hat es mir gefallen. Eine Woche später habe ich mir meine ersten Bergschuhe gekauft. Von da an sind wir immer freitags und samstags beim Feiern gewesen und sonntags ging es in die Berge.

Über meine damalige Freundin bin ich auch zum Klettern gekommen. Wir haben einen Kurs gebucht. Meine Freundin hat das alles organisiert. Am Tag vor dem Kletterkurs habe ich mir den Flyer dazu genauer angesehen. Da war ein Bild von einem Mann mit langen Haaren drauf. Er hatte so eine Art komische Ballettschuhe und Leggins an. So hatte ich mir Klettern nicht vorgestellt! Ich bin dann trotzdem mitgegangen. Zuerst hatte ich großen Respekt vor der Höhe. Ich hatte anfangs auch wenig Vertrauen in das Material. Ich dachte: ›Wie sollen das bisschen Seil und ein paar Schrauben mein Gewicht halten?‹ Aber nach dem vierten Tag habe ich mich daran gewöhnt. Und nach dem Kurs war ich total begeistert. Von da an war ich ständig klettern. Am Gardasee, in den Dolomiten, am Wilden Kaiser, in Griechenland, in der Türkei, in Südafrika und noch in etlichen anderen Gegenden.«

Auch seine jetzige Freundin ist bergbegeistert. »Aber das war keine Voraussetzung, nur Zufall«, stellt Andal klar. »Die Familie meiner Freundin hatte eine Hütte in Garmisch. Deshalb ist sie quasi in den Bergen groß geworden. Sie geht gerne wandern. Und mountainbiken. Und klettern. Und zelten liebt sie auch. Das passt also wunderbar.«

Mittlerweile geht Andal vor allem wandern und nur noch selten klettern. Denn das ist sehr zeitaufwendig, wenn man es auf einem gewissen Niveau betreiben will. Andals Prioritäten haben sich etwas verschoben. Seine Mutter ist schwer erkrankt. Da gibt es also gerade Wichtigeres.

»Beim Klettern musst du dich sehr konzentrieren. Im Moment bin ich da eher abgelenkt. Außerdem ist alpines Klettern ziemlich planungsaufwendig. Deshalb pausiere ich gerade. Aber ich will auf jeden Fall irgendwann wieder mehr einsteigen«, meint Andal. »Wandern gehe ich weiterhin. Da bekomme ich den Kopf frei. Das geht ganz unkompliziert. Ich stehe um sechs Uhr auf, gehe früh los, genieße die Aussicht und komme zufrieden wieder heim.«

Mich interessiert, was er grundsätzlich von den Bergen bekommt.

»Sie geben mir Energie. Und Freiheit. Und Zufriedenheit. Das ist schon sehr viel, oder?«, findet er.

»Ich gehe auch gerne allein in die Berge. Da kann man sich gut mit sich selbst beschäftigen und Dinge verarbeiten. Und du bist in der Natur. Alles ist so vielfältig. Ich kenne nichts Besseres. Diese Einsamkeit, die es in den bayrischen Bergen gab, als ich vor 25 Jahren mit dem Berggehen angefangen habe, gibt es zwar kaum noch. Aber gleichzeitig ist es natürlich auch schön, dass heute mehr Menschen Interesse am Bergwandern haben. Wichtig wäre, dass alle, die in den Bergen unterwegs sind, die Natur respektieren.«

Andal zeigt einmal rundherum. »Aber hier, das Zillertal, das ist groß. Es verteilt sich. Da kannst du auch Wege gehen, auf denen du stundenlang keine Menschen siehst.«

Er erzählt dann noch ein wenig von anderen Wanderungen, die er schon gemacht hat: Zwölf Tage mit dem Zelt in Lappland in einem Nationalpark, in Neuseeland. Er kennt aber auch etliche schöne Plätze im Chiemgau. »Als ich das erste Mal allein mit Zelt im Chiemgau auf dem Spitzstein in der Nähe der Kampenwand unterwegs war … Der Sonnenuntergang dort, das war schon sehr cool.«

»Hast du jemanden vermisst, mit dem du das teilen kannst?«

Andal schüttelt den Kopf. »Nein, ich kann gut mit mir allein sein. Da komme ich zur Ruhe. Es lenkt mich nichts ab und ich nehme alles intensiver wahr.«

»Aber du bist kein Eigenbrötler, sondern eigentlich ein geselliger Typ«, stelle ich fest.

Andal stimmt mir zu. »Ich mag es, mit anderen zu wandern. Ich bin gerne mit meiner Freundin in den Bergen. Aber ich mag es auch, ganz allein unterwegs zu sein. Manchmal knüpfst du dann auf dem Weg Kontakte. So wie jetzt«, meint Andal und nickt. »Und manchmal auch nicht.«

Er ist im Alpenverein in einer kleinen Sektion aktiv. Sich zu engagieren für das, was einem am Herzen liegt, finde er wichtig. »Diese Sektion haben wir vor fünf Jahren gegründet. Ich bin im Vorstand und hab mich anfangs um die Webseite gekümmert. Klar ist das – wie in jedem Verein – manchmal schwierig. Aber grundsätzlich finde ich die Gemeinschaft schön.«

Bevor sich unsere Wege endgültig trennen, brennt mir noch eine Frage unter den Nägeln: »Gibt es eigentlich etwas, das du von oder in den Bergen lernen kannst?«

»Ausdauer«, antwortet Andal prompt. Dann überlegt er einen Moment. »Und Ruhe.« Wieder hält er kurz inne. »Mich selbst kennen«, fügt er dann an. »Wenn du Probleme hast, dann gehst du am besten mal zwei Stunden auf den Berg. Dort oben ist alles andere nicht so wichtig. Dann ist das Thema vielleicht noch da, aber es ist oft kein Problem mehr. Das Berggehen hat mir beispielsweise sehr geholfen, als die Beziehung mit meiner Freundin auseinandergegangen ist. In den Bergen konnte ich die Trennung gut verarbeiten.«

Andal blickt in die Ferne. »Vielleicht bin ich deshalb immer noch so gerne in den Bergen. Das war keine Modeerscheinung. Ich bin beinahe jedes Wochenende hier. Ich meditiere zwar nicht im klassischen Sinn. Aber ich sitze gerne oben auf dem Berg und schaue einfach nur. Und ich glaube, dass ich mich selbst durch die Berge gut kennengelernt habe.«

Andal möchte vor dem Abend auf der Hütte im Zillertal ankommen und hat noch eine beachtliche Wegstrecke vor sich. Deshalb heißt es jetzt, Abschied zu nehmen. Wir tauschen Telefonnummern aus und versprechen, uns Fotos von unseren Etappenzielen zu schicken. Schließlich hebt Andal die Hand zum Gruß und dann ist er auch schon hinter der nächsten

Biegung verschwunden. Ines, Lutz, Sandra, Jackx und ich setzen unseren Weg zur Schiffsanlegestelle fort. Die Fahrt dauert nicht lange, zwei Anlegestellen später sind wir am Südufer des Achensees. Gemeinsam gehen wir nach Maurach, das einige hundert Meter vom Seeufer entfernt liegt. Die anderen steuern ihre Unterkunft an. Ich suche den Busbahnhof, denn ich werde schon heute nach Fügen weiterfahren. Dort startet die morgige Etappe. Diese werde ich allein gehen, weil meine drei Wegbegleiter erst später am Vormittag am Startpunkt eintreffen werden. Der Abschied fällt nicht schwer, weil wir ja wissen, dass wir uns morgen Abend sehen werden. Dann haben wir auch wieder dieselbe Unterkunft.

Der Bus bringt mich durch das beschauliche Zillertal nach Jenbach, wo ich in die Zillertalbahn umsteige. Die Bus- und Bahnfahrt ist mir gerade etwas zu schnell. Nach den gemächlichen Fußwegen in den vergangenen zwei Tagen bewege ich mich in ungewohntem Tempo voran, sehe die Landschaft vor dem Fenster vorbeifliegen und komme kaum mit den Gedanken hinterher. Nach einer guten Stunde habe ich Fügen erreicht. Ich schlendere durch den Ort und mache mich auf die Suche nach dem Gasthaus, in dem ich heute übernachten werde. Mein Zimmer hat einen kleinen Balkon. Von dort habe ich einen wunderbaren Ausblick auf die Berge Hochstand, Standkopf und Gamskopf. Ich merke, dass ich von der Bergkulisse noch lange nicht genug habe. Doch mein Hunger ist größer als die Begeisterung für den Bergblick. Deshalb gehe ich nach unten in die Wirtschaft und bestelle mir eine Brotzeit, die hier Jause heißt. Am Nebentisch sitzen einige ältere Herren. Sie grüßen mich freundlich und beginnen eine kleine Plauderei. Schließlich meint einer der Männer: »Du bist aus der Steiermark, oder?«

Ich muss lachen, denn dort hat mich bisher noch niemand

verortet. Als ich die Männer aufkläre, dass ich aus Bayern komme, sehen sie mich irritiert an. Dann wenden sie sich wieder ihrem Bier zu. Vielleicht habe ich sie erschreckt. Oder sie finden ihr Bier interessanter als eine Wanderin aus Süddeutschland. Mir ist es recht, ich bin mir selbst gerade genug. Als Nachtisch gibt es einen kleinen Spaziergang. Erst schlendere ich an der Pfarrkirche Mariä Himmelfahrt mit ihrem spitzen Kirchturm vorbei. Der Ort mit seinen knapp 2700 Einwohnern hat auch ein Schloss. Hier soll das weltbekannte Weihnachtslied *Stille Nacht, heilige Nacht* Anfang des 19. Jahrhunderts erstmals vorgetragen worden sein. Nach dem Sightseeing spaziere ich aus dem Dorf hinaus über Felder und Wiesen zu einer kleinen Anhöhe. Dort fülle ich meine Bergblickspeicher für den heutigen Abend auf. Danach bin ich zufrieden und guter Dinge und mache ich mich auf den Weg zurück ins Dorf. Ich habe nämlich noch eine Verabredung.

MIT SCHEITERN UMGEHEN LERNEN

Gespräch mit Kunsttherapeutin und Bergliebhaberin Christine

An der Kirche, die gleich gegenüber dem Gasthaus liegt, wartet Christine schon auf mich. Ich habe sie in den sozialen Medien kennengelernt. Sie ist zwar keine Influencerin, aber beachtliche 3000 Follower mögen ihre Bergbilder, die sie von ihren Gipfeltouren in Tirol postet. Auch ich folge der Wahl-Tirolerin – sozusagen als gleichgesinnte Bergbegeisterte. Ein zweiter Blick auf ihre Seite hatte mir verraten, dass sie nicht nur Berge, sondern auch kreative Dinge liebt: Sie betreibt seit vielen Jahren die *Wichtelfabrik*, in der sie liebevoll gestaltete, aus nachhaltigen Materialien hergestellte Glückswichtel verkauft.

Wir sehen uns heute zum ersten Mal. Ich erkenne Christine dennoch sofort: Das Foto auf ihrer Homepage, auf dem sie offen und ein wenig verschmitzt in die Kamera lächelt, entspricht ihrer Erscheinung in der Realität. Wir beschließen, einen Spaziergang in der Abendsonne zu machen, und schlendern durch das Dorf. Schnell stellen wir fest, dass wir beide aus der gleichen Ecke kommen: Christine ist gebürtige Niederbayerin. Aufgewachsen sind wir also keine 50 Kilometer voneinander entfernt. Christine erkundigt sich, wie meine Alpenüberquerung bisher gelaufen ist. Als ich ihr von meinen Höhen und Tiefen erzähle, findet sie sich darin wieder. »Das kenne ich auch. Ich meine, dass Berge einen herausfordern. Dass man immer mal wieder an seine Grenzen stößt. Dass man auch scheitert und umdrehen muss. Dass man sein Ziel nicht erreicht – und das trotzdem keine Niederlage ist«, meint Christine dazu.

Diese Worte wirken auf mich wie eine universelle und gleichzeitig ermutigende Lebensweisheit, die sich nicht auf die Berge beschränkt.

»In den Bergen geht es mir nicht um das Gipfelkreuz. Es geht um die Reise, um das Gehen, um den Weg. Ein Selfie auf dem Gipfel ist mir ziemlich wurscht«, fügt sie an, und ihre Stimme klingt dabei fest und überzeugt. »So halte ich es übrigens auch im Leben«, bestätigt sie dann meine Annahme.

»Ich bin ein ziemlich ehrgeizloser Mensch, was beruflichen Erfolg angeht, meine ich. Nicht bei Dingen, die mir wichtig sind. Das würde ich aber nicht Ehrgeiz nennen. Da habe ich einfach Lust zu. Dinge, die mir wichtig sind, möchte ich richtig und leidenschaftlich tun. Nur: Ein Karrierestreben – das habe ich überhaupt nicht. Deshalb bin ich auch nicht reich«, sagt Christine und bleibt stehen.

»Du meinst im materiellen Sinn?«, frage ich nach.

Christine nickt und blickt sich um. Die Berge sind eine wunderbare Kulisse für unseren Abendspaziergang. »Wenn ich die Umgebung hier betrachte, dann fühle ich mich schon reich. Ich habe viel: meine Familie, meine Tiere, die Berge.

Eigentlich ist so ziemlich alles in Erfüllung gegangen, was ich mir gewünscht habe. Auch wenn mein Weg sehr holprig war. Wie das Gehen auf den Berg: über Stock und Stein, über Höhen und Tiefen«, sagt sie und sieht nachdenklich in die Ferne.

Wir gehen weiter. Christine erzählt mir von den Stationen in ihrem Leben: »Geboren und aufgewachsen bin ich in der kleinen Stadt Mainburg in Niederbayern. Nach dem Abitur bin ich nach München gezogen. Da blieb ich, bis ich Mitte 30 war. Als ich schwanger wurde, bin ich mit meinem damaligen Mann nach Penzberg ins bayerische Voralpenland gegangen. Dort haben wir bis zu unserer Trennung gelebt. Anschließend bin ich zurück nach Mainburg und danach wieder nach München. Das waren viele Wege und Umwege – und jetzt bin ich in Tirol.«

»Was hat dich denn dorthin verschlagen?«, will ich wissen.

»Mein Tinder-Date«, sagt sie ohne zu zögern und wirft mir einen amüsierten Seitenblick zu. »Gell, das ist romantisch«, meint sie augenzwinkernd. »Ich bin seit zehn Jahren geschieden. Zwischendurch hatte ich ein paar Beziehungen, war aber auch immer wieder allein. Irgendwann so ab 50, da geht man nicht mehr in die Disco. Aber wo lernst du dann Leute kennen? Ich arbeite im gemeinnützigen Bereich. Dort trifft man vor allem Frauen und begegnet kaum Männern. Eine Kollegin hat mich an einem feuchtfröhlichen Kneipenabend in München dazu überredet, mich bei der Partnerbörse anzumelden. Darüber habe ich Chris, einen Innsbrucker, kennengelernt. Er war mein erstes und einziges Date. Erst haben wir uns viel und intensiv geschrieben – zum Teil nächtelang. Nach drei Wochen haben wir uns verabredet. Er kam zu mir nach München, und wir waren gemeinsam bei einem Konzert.

Ich muss gestehen – aber das weiß mein Partner auch –,

dass mich schon besonders angesprochen hat, dass er Tiroler ist.« Christine hält kurz inne. Dann nickt sie. »Und jetzt lebe ich mit ihm in der Nähe von Innsbruck. Wir bewohnen ein über 350 Jahre altes Haus mit Blick auf die Berge. Den Umzug haben wir zu dritt entschieden. Meine Tochter ist knapp 20. Sie hatte damals gerade ihren Schulabschluss gemacht und ist mitgekommen. So hat es sich also ergeben, dass ich mit Mitte 50 noch einmal von vorn angefangen habe.« Christine zuckt mit den Schultern. »Ich habe in meinem Leben schon oft wieder neu angefangen. Das hier war mein zehnter Umzug. Und ich hoffe, mein letzter. Das brauche ich nicht noch einmal. Davon habe ich die Schnauze voll«, sagt sie überraschend nachdrücklich.

Auch in Sachen beruflicher Werdegang hat Christine einige Schleifen gedreht, stellt sich heraus, als ich sie nach ihrer Tätigkeit als Kunsttherapeutin frage.

»Nach dem Abitur wollte ich Gartenbau studieren und habe deshalb erst einmal eine Lehre als Gärtnerin begonnen. Leider habe ich auf alles Mögliche Allergien entwickelt und musste die Ausbildung abbrechen. Danach habe ich rumgejobbt: in Boutiquen, in Kneipen, im P1, das war damals die In-Disco in München, in der viel Prominenz verkehrte. Mit Mitte 20 habe ich eine Heilpraktikerausbildung gemacht. Aber das war auch nicht so das Richtige.

Ich muss sagen, damals war ich sehr ruhelos. Ich konnte in keinem Beruf so recht Fuß fassen. Ich habe in verschiedenen Büros gearbeitet, angefangen, Webseiten zu programmieren – was ich mir selbst beigebracht hatte. So bin ich in der Marketingecke gelandet. Das habe ich viele Jahre gemacht. Zwischendurch habe ich auch kurze Zeit Betriebswirtschaftslehre studiert. Als meine Tochter noch ein Baby und ich in Elternzeit war, hatte ich die Idee zur *Wichtelfabrik* und habe angefangen, Schutzfiguren zu malen und später zu nähen. Als meine Tochter etwas älter war, habe ich die Ausbildung zur Kunsttherapeutin gemacht – als Zusatzausbildung zu meinem Heilpraktikerschein. Das war für mich stimmig, weil ich schon immer künstlerisch tätig war, mich künstlerisch ausgedrückt habe. Nebenher hatte ich eine Stelle in Teilzeit, bei der ich für Öffentlichkeitsarbeit und Grafik zuständig war. Dann kam die Trennung von meinem damaligen Mann, und plötzlich war wieder alles upside-down.«

Jetzt schwingt in Christines Stimme eine bittere Note mit. Aber die verfliegt gleich wieder, als sie fortfährt: »Nach der Trennung bin ich zurück nach Mainburg und habe dort eine Praxis als Therapeutin eröffnet. Ich habe Gruppenarbeit angeboten, in der frei gemalt werden konnte. Da ging es mehr um den kreativen Ausdruck und weniger um Therapie. Eine meiner ältesten Kundinnen hatte damals mit 70 Jahren angefangen zu malen. Ihr erster Kommentar war: ›Ich weiß gar nicht, was ich hier mache. Ich kann ja gar nicht malen!‹ Zweieinhalb Jahre später hingen ihre Bilder in der Versicherungsagentur ihres Mannes. Sie war sehr stolz auf sich. Sie hatte Selbstvertrauen gewonnen und Selbstwirksamkeit erlebt.

Daneben hatte ich Klienten und Klientinnen mit schweren Erkrankungen. Die habe ich darin unterstützt, durch ihre Bilder Gefühle auszudrücken. Da war das freie Malen das Vehikel, um Muster, Konflikte, Probleme und Emotionen an die Oberfläche zu holen. Wenn sie mal offen daliegen, können sie auch bearbeitet werden.«

Christine seufzt. »Doch nur die Kunsttherapie hätte nicht gereicht, um davon zu leben. Meinen Teilzeitjob musste ich also behalten. Und die *Wichtelfabrik* hatte ich auch noch. Ich hatte also drei Jobs und war dazu noch alleinerziehend. Das war eine sehr harte Zeit.«

Sind es vielleicht eben diese Schattenseiten, die uns nicht nur immer wieder herausfordern, sondern unserem Leben auch Tiefe geben? Dieser Gedanke kommt mir, als Christine über die schwierigen Zeiten in ihrem Leben spricht. Und kann diese Tiefe vielleicht auch erst Mitgefühl möglich machen? Mitgefühl mit anderen – und im besten Falle auch Mitgefühl für uns selbst?

Hier in Tirol hat Christine jetzt nicht nur eine persönliche, sondern auch eine neue berufliche Heimat gefunden. »Für mich ist es sehr wichtig, dass ich einen Beruf habe, der Sinn ergibt, und meine Arbeit nicht dazu dient, einen Konzernchef noch reicher zu machen. Was ich jetzt tue, erfüllt mich. Ich habe eine Teilzeitstelle beim *Förderverein Kinder- und Jugend-Hospizarbeit* und dem angegliederten Projekt *Arche Herzensbrücken*. Dort mache ich Öffentlichkeitsarbeit und Fundraising. Die Tätigkeit ist sehr berührend – und sehr wichtig für mich. Bei den *Arche-Herzensbrücken-Wochen* können Familien mit schwer erkrankten Kindern eine Auszeit nehmen. Pflegekräfte betreuen in der Zeit die kranken Kinder, damit die Eltern auch einmal wieder Paar sein und sich Zeit für die Geschwisterkinder nehmen können. Aber es wird nicht nur das kranke Kind betreut. Wir haben auch Angebote für die Geschwisterkinder und die Eltern und versuchen, ihnen das anzubieten, was sie brauchen. So können alle durchatmen und mal wieder Spaß haben. Natürlich gibt es auch heftige Momente. Dieses Jahr sind vier Kinder, kurz nachdem sie bei uns waren, zu Hause verstorben. Das ist sehr traurig. Und dennoch gibt mir die Arbeit viel: zu sehen, dass man etwas geben kann – und wenn es nur ein schöner Nachmittag ist und man damit Freude macht.«

Ich frage Christine, ob sie sich hier auch als Kunsttherapeutin einbringen könne. Sie nickt. »Ja, aber das mache ich ehrenamtlich. Malen oder geführtes Malen mit schwerstkranken Kindern ist schon eine Herausforderung für mich. Was dabei entsteht, ist für die Kinder schön – aber oft ist es noch wichtiger für die Eltern, wenn sie sehen, dass ihre kranken Kinder hier etwas tun können. Letztes Jahr habe ich mit einer Jugendlichen mit schwerer Erkrankung gearbeitet. Sie hat einige kleine Keilrahmen gestaltet. Eine Woche, nachdem sie bei uns im Urlaub war, ist sie gestorben. Da hatten die Eltern dann die Bilder von ihr. Das war schön für sie. Und auch für mich!«

Ich bin sicher, diese Tätigkeit kostet viel Kraft. »Woher nimmst du die Energie dafür?«, will ich wissen.

Christine lächelt. »Ich habe meine Tochter und meinen Lebensgefährten. Und meine Tiere, meinen Hund und meine beiden Katzen. Aber die Tätigkeit ist nicht nur ein Geben. Ich bekomme da ganz viel. Das wird oft nicht gesehen. Ich habe lange in anderen Jobs gearbeitet, für große Konzerne. Die Arbeit war häufig ein richtiger Energieräuber – wenn man außer Geld nichts bekommt. Ich bekomme bei meiner Tätigkeit für den Hospizverein viel zurück: Anerkennung, Freude. Und dann habe ich noch die Berge vor der Haustür. Die geben mir sehr viel Kraft. Die Berge lassen die Sorgen, die man hat, nicht verschwinden. Aber während man dort ist, denkt man einfach nicht daran. Das hat mir in besonders schwierigen Lebenssituationen, beispielsweise während meiner Trennung, geholfen: einfach in die Berge gehen. Meistens für viele Stunden. Dann höre ich auf zu grübeln. Die Anstrengung ist wie eine Art Reinigung.

Wenn man in den Bergen unterwegs ist, braucht es eine gewisse Demut. Das finde ich sehr heilsam. Außerdem ist es schön zu merken, dass die Berge mit all ihrer Mächtigkeit einfach immer da sind – egal, was sonst gerade passiert. Diese Beständigkeit gibt mir Halt und Energie.

Manchmal muss ich mich überwinden, um in die Berge zu gehen. Ich bin vielleicht müde oder erschöpft. Wenn ich es dann schaffe, mich doch aufzuraffen, geht es mir nachher besser. Immer! Das trifft auch aufs Leben zu: Selbst wenn es gerade sehr anstrengend ist, weiß ich, dass der Anstieg irgendwann geschafft ist, und dann geht es wieder geradeaus.

Was ich an den Bergen besonders liebe: Man wird immer belohnt. Mit einer tollen Aussicht oder mit einer schönen Blume am Wegrand. Ich bin gerne allein in den Bergen unterwegs, ich mag die Einsamkeit beim Berggehen, die Ruhe, dass ich mal nicht reden muss.«

Christine zuckt mit den Schultern, als sie anfügt: „Mittlerweile gehe ich auch ganz gerne mit meinem Freund in die Berge. Das ist so, als ob ich allein gehe.« Sie lacht. »Das habe ich ihm auch kürzlich gesagt. Er hat das Kompliment verstanden.«

Mir fällt schon die ganze Zeit Christines Strahlen auf. Ich frage nach, ob sie das schon immer gehabt habe. Christine schüttelt den Kopf. »Mein Aufwachsen war nicht gerade von Optimismus geprägt. Meine Mutter war eine extrem pessimistische Frau. Ihr Standardsatz war: ›Na, schauen wir mal. Freu dich nicht zu früh!‹ Aber ich glaube, dass ich eine gewisse Grundausstattung habe, die mir hilft, zuversichtlich zu sein. Das hat mir in schweren Zeiten geholfen. Daneben habe ich Menschen, die mich unterstützen, auf die ich mich verlassen kann. Ich hatte immer die Gewissheit: Wenn ich Hilfe brauche, dann bekomme ich welche. Komme, was wolle. Das ist nicht selbstverständlich.

Rückblickend betrachtet, hatte ich schon Glück. In meinem Leben gab es viele Stolpersteine. Ich habe mich immer nach Beständigkeit gesehnt. Und nun habe ich sie gefunden. Dafür bin ich dankbar. Überhaupt: Ich finde Dankbarkeit sehr wichtig. Also immer mal wieder innezuhalten und zu schauen, was alles war und was es um mich herum alles gibt. Viele sehen nur das, was sie nicht haben. Ich finde die Frage wichtig: Wofür kann ich dankbar sein? Ich glaube, das ist eine wichtige Voraussetzung, um gesund zu bleiben und mit Widrigkeiten umgehen zu können.«

Als wir uns schließlich verabschieden, merke ich, wie dankbar ich gerade für diese Begegnung bin. Viel werde ich nicht mehr tun, ehe ich mich schlafen lege, um für meine nächste Etappe aufzutanken. Aber sicherlich werde ich noch ein wenig über Christines Worte nachdenken, die mich in gleicher Weise berührt wie zuversichtlich gestimmt haben.

ETAPPE 4

TRAUMHAFTE AUSSICHTEN

Von Fügen
bis Hochfügen

UNERWARTETE HERAUSFORDERUNGEN, UNERWARTETE FREUDEN

Am nächsten Morgen sitze ich beim Frühstück allein am Tisch. Nach dem schönen Tag gestern mit meinen Wanderbegleitern fehlt etwas. Ich habe keine große Lust, länger zu bleiben, deshalb begnüge ich mich mit einer Semmel und einer Tasse Kaffee und breche danach gleich auf. Heute steht die einzige Fahrt mit einer Bergbahn während meiner ganzen Alpenüberquerung auf dem Programm. Die Spieljochbahn bringt mich zur gleichnamigen Bergstation. Mit der Gondel überwinde ich mühelos knapp 1200 Höhenmeter. Als ich an der Bergstation aussteige, sind noch nicht viele Leute unterwegs. Ich mache mich auf den Weg und lasse schnell die wenigen Grüppchen der anderen Berggeher hinter mir. Kurz darauf habe ich schon den Gipfel des Spieljochs erreicht. Hier oben ist es ziemlich windig. Doch der Blick ist beeindruckend – und ganz anders als in den Tagen zuvor. Hier ist alles grün.

Die Tuxer Alpen sind viel weniger felsig als die Kalkalpen, in denen ich gestern und vorgestern unterwegs war. Ich bin ganz begeistert von diesem Naturspektakel: Hinter den Bergen sind noch höhere Gipfel und dahinter weitere felsige Zacken zu erahnen. Der Ausblick lässt mich an ein Spiegelkabinett denken, in dem sich alles Sichtbare unendlich wiederholt.

Ich entdecke Alpenrosen, die überraschenderweise noch vereinzelt blühen. Die rot-pinken Blütenkelche strecken sich der Sonne entgegen und präsentieren sich in ihrer ganzen Schönheit. Ich gehe an Zirben vorbei, die einen harzig-würzigen Duft verströmen. Dann muss ich mich wieder mehr auf meine Schritte konzentrieren, denn der Weg führt auf einem Grat entlang hinauf zum Onkeljoch. Ich steige Stufen aus Wurzeln und Steinen hinauf und komme trotz des steilen Aufstiegs ganz gut voran. Dennoch bleibe ich kurz stehen, um ein wenig zu Atem zu kommen, als ich den steilsten Abschnitt gemeistert habe. Jetzt steigt der Weg nur noch sanft an, und ich kann in zügigem Tempo weiterwandern. Ich lasse meinen Blick immer wieder in die Ferne schweifen und kann gar nicht genug von der Aussicht auf die zahllosen Gipfel um mich herum bekommen.

Eine Stunde bin ich unterwegs, ohne einen anderen Menschen zu treffen. Ich umrunde das Onkeljoch und sehe irgendwann vor mir eine Bank, auf der zwei Leute sitzen. Ich komme näher, grüße und sehe mir die Wegweiser an, die neben dem Bänkchen angebracht sind. Hier zweigt der Weg zum Kellerjoch ab. Heute Morgen hatte ich mir schon überlegt, einen kleinen Abstecher zur Kellerjochhütte zu machen. Allerdings führt der Abzweig hier über den Alpinsteig und fällt unter die Kategorie *schwere Route*. Ein Mann kommt näher und stellt sich neben mich. Auch er scheint zu überlegen, ob er den Weg gehen soll.

»Bei der Gartalm zweigt ein einfacherer Weg zum Kellerjoch ab«, spreche ich meine Gedanken laut aus. Der Mann scheint dankbar für die Information zu sein, denn er lächelt und nickt. »Dann werde ich den nehmen«, sagt er.

»Dort oben gibt es eine schöne Gipfelkapelle. Da ist im Sommer immer eine Messe«, meint die Frau, die auf der Bank sitzt und unseren kurzen Austausch mitverfolgt hat. »Weißt du noch? Einmal wären wir beinahe zu spät gekommen, weil der Aufstieg länger gedauert hat, als wir dachten«, wendet sie sich an den Mann, der neben ihr sitzt.

Wir plaudern noch ein bisschen. Dann verabschiede ich mich von den beiden Einheimischen auf der Bank und setze meinen Weg fort. Der Mann, der sich nach dem Kellerjoch erkundigt hatte, schließt sich mir an. Wir sprechen ein wenig über unsere Wanderrouten. Als er hört, dass ich allein – was ja so nicht mehr ganz stimmt, aber heute zutrifft – eine Alpenüberquerung mache, bekommt er große Augen.

»Respekt! Ich weiß nicht, ob ich mir das zutrauen würde. Dann wünsche ich dir bis zum Schluss gute Beine und tolle Erfahrungen«, sagt er.

Ich merke, dass ich gerade ein wenig stolz auf mich bin. Nach einem kurzen gemeinsamen Stück trennen sich unsere Wege wieder. Der Mann biegt ab, und ich mache mich auf den direkten Weg zur Gartalm, die ich nun bereits vor mir sehen kann.

Bisher habe ich noch gar nicht bemerkt, dass sich mittlerweile dicke graue Wolken am Himmel zeigen. Erst als mir ein Windstoß durch die Haare fährt, sehe ich nach oben. Das Wetter könnte jeden Moment umschlagen. Schon spüre ich ein paar Regentropfen auf meinen Armen. Deshalb verwerfe ich meinen Plan, einen Abstecher auf das Kellerjoch zu machen, und gehe stattdessen auf direktem Weg zur Gartalm. Dort werde ich eine Pause einlegen und abwarten, was das Wetter macht.

»Einen gespritzten Holler«, bestelle ich bei der Bedienung am Tresen in der Hütte. Die Frau im Dirndl sieht mich fragend an.

»Was bitte wollen Sie?«, erkundigt sie sich, und ich höre, dass sie nicht von hier, sondern wahrscheinlich aus Thüringen ist.

Ein Mann, der auf der Eckbank neben dem Tresen sitzt und sich über irgendwelche Unterlagen gebeugt hat, richtet sich auf. Ich vermute, es ist der Hüttenwirt.

»Holundersirup. Mit Mineral«, gibt er seiner Mitarbeiterin mit knappen Worten zu verstehen und nickt mir griesgrämig dreinblickend zu. Dann beugt er sich wieder über seine Papiere.

Kurz darauf bekomme ich mein Getränk gereicht und setze mich damit auf die Terrasse direkt an die Hauswand der Hütte. Hier ist es windgeschützt. Es fällt leichter Regen. Außer mir sind nur drei andere Wanderer hier, die sich eine Suppe schmecken lassen. Ich sehe dem Regen beim Fallen zu und spüre, wie gut mir das Sitzen tut.

Regen und Wind verschwinden so schnell, wie sie gekommen sind.

Irgendwann ist mein Glas leer, die Sonne kommt heraus, und ich beschließe weiterzugehen. Als ich mich schließlich ein paar Meter von der Alm entferne, muss ich erst wieder für einige Augenblicke das Bergpanorama genießen. Von hier aus sieht man sogar die Spitze des Großvenedigers, dem mit 3657 Metern zweithöchsten Berg Österreichs.

Vom Zufahrtsweg führt ein kleiner Pfad weg, den ich über einen Zaundurchlass betrete. Jetzt geht es über lang gezogene Serpentinen einen bewachsenen Hang nach unten. Dann folgt ein leichtes Auf und Ab. Bevor ich in einen kühlen Wald trete, gehe ich an einer Wandergruppe vorbei. Etwa zwölf Leute sitzen mitten auf dem Weg und der angrenzenden Wiese und machen Rast. Aus den Gesprächsfetzen, die ich aufschnappe, schließe ich, dass es sich auch um Alpenüberquerer handelt. Allerdings machen sie den Weg mit einem Bergführer und mit leichtem Gepäck. Alles andere wird ihnen jeden Tag mit einem Bus zur Unterkunft kutschiert.

Natürlich ist es auch ohne Gepäck und mit versierter Begleitung eine tolle Leistung, das höchste Gebirge Europas zu überqueren. Dennoch spüre ich in mir eine kleine Genugtuung, dass ich den Weg allein und aus eigener Kraft meistere. Im nächsten Moment schäme ich mich ein bisschen wegen dieser Überheblichkeit und schüttle den Gedanken schnell ab. Stattdessen grüße ich freundlich und bahne mir einen Weg durch die sitzenden Wanderer.

Der Bergwald, durch den ich anschließend gehe, wirkt wie aus einem Märchen. Licht fällt durch die Blätter und Nadeln der Bäume als punktartige Sprengsel auf den Boden. Irgendwoher höre ich leises Geplätscher. Es riecht nach Pilzen und Moos. Ich trete aus dem Wald heraus auf eine morastige Wiese. Eine Kuhherde grast einige Meter neben mir auf dem einzig trockenen Stück. Überall sind hier Bretter ausgelegt. So gelingt es mir, das sumpfige Gelände zu überqueren, ohne dabei im Matsch zu versinken. Dann führt ein kleiner, steiniger Pfad nach unten. Ein gelber Wegweiser zeigt mir, dass ich gleich den Loassattel erreicht habe. Rechts taucht das Gamssteinhaus auf, das allerdings geschlossen hat. Ich will meinen Blick schon wieder abwenden, als ich abrupt stehen bleiben muss. Direkt neben dem Berghaus taucht nämlich wie aus dem Nichts das Karwendelmassiv am Horizont auf. Herrschaftlich ragen die felsigen, mit Schnee bedeckten Gipfel in den Himmel. Ich bin überrascht und berührt zugleich. Nach ein paar Metern entdecke ich eine Bank auf einer Wiese. Dort nehme ich Platz und verliere mich geradezu in dem Ausblick auf das Gebirge.

Bevor ich losgegangen bin, hatte eine Freundin skeptisch gefragt, ob ich diese Wanderung wirklich allein machen wolle. »Denn wenn es so richtig schön ist – also so schön, dass es dir vielleicht Tränen in die Augen treibt, dann hat du niemanden, mit dem du das teilen kannst. Da muss man doch mit jemanden reden«, hatte sie gemeint. Ich hole mein Handy aus der Tasche, schieße ein Foto und schicke es meiner Freundin mit dem Begleittext: »Jetzt wäre es so weit!« Sekunden später kommt ihre Antwort: »Schön, dass du es mit mir geteilt hast!«

Ich merke, dass ich dankbar dafür bin, dass sie genau im richtigen Moment für mich Zeit hatte. Einen Augenblick spüre ich noch der Verbundenheit nach, dann wandert mein Blick wieder zur Felsbastion am Horizont. So sitze ich bestimmt eine halbe Stunde, ohne dass der Ausblick eine Sekunde langweilig wird.

Irgendwann kann ich mich doch losreißen und verlasse meine Bank, um zurück zum Wanderweg zu gehen. Ein Mann und eine Frau kommen mir entgegen. Sie scheinen genau meine Bank anzusteuern.

»Da müsst ihr euch hinsetzen. Das ist wie im Theater«, sage ich, noch immer vom Karwendelblick beseelt.

Die Frau nickt und lächelt. »Ja, genau. Wir kennen die Bank und den Blick. Wir sind vom Tal. Aus Schwaz«, erklärt sie mir.

»Und du bist aus Bayern«, stellt der Mann fest.

Ich erkläre, dass ich gestern noch für eine Steiermarkerin gehalten wurde.

»Ah geh! Des hört man doch«, meint er grinsend.

Die Frau erklärt mir, dass sie heute keine Bergtour, sondern nur einen kleinen Spaziergang machen. »Wir haben gestern Heu gemacht. Deshalb sind wir heute ein wenig kaputt«, meint sie, um eine auch für mich verständliche Ausdrucksweise bemüht.

Der Mann hebt die Hand und deutet auf mich. »Mit der brauchst ned nach der Schrift redn. Die versteht uns scho«, sagt er.

Ich nicke. Natürlich verstehe ich die beiden. Wir unterhalten uns noch ein bisschen. Die Frau ist ganz begeistert, als sie von meiner Alpenüberquerung hört. »Da muss ich daheim gleich nachschauen. Das möcht ich auch machen«, meint sie.

Wir wünschen uns schließlich noch einen schönen Tag und gehen unserer Wege.

Ab jetzt zieht sich mein Weg etwas. Es ist nicht das stetige Auf und Ab, das ermüdend wirkt. Es liegt vermutlich vielmehr daran, dass ich heute schon über fünf Stunden allein unterwegs bin und ich mich nach meinem Ziel und nach dem Wiedersehen mit meinen Wegbegleitern sehne. So schenke ich auch der Matschentalalm, an der ich vorbeigehe, wenig Beachtung. Mal ist es ein grasiger Weg, mal geht es durch einen kleinen Wald oder an einem Hangpfad entlang. Nach der Lamarkalm folge ich einer kleinen Schotterstraße. Von hier aus ist Hochfügen bereits zu sehen. Doch es dauert noch gut 20 Minuten, bis ich schließlich die Bergsiedlung erreiche. Über einen steilen Abstieg gehe ich auf die Häuser zu. Man merkt auf den ersten Blick, dass es sich um ein Retortendorf handelt, das hier im Skigebiet aus dem Boden gestampft wurde. Ich erkenne Skilifte, vereinzelte Wochenendhäuser und etliche Hotels. In einem davon werde ich heute übernachten. Es ist glücklicherweise eine der ersten Bauten, und ich muss nicht lange danach suchen.

STÄRKUNG FÜR LEIB UND SEELE

Anders als in den Unterkünften der letzten Tage ist es hier vergleichsweise luxuriös. Ich schaue mich in der ganz im Landhausstil gehaltenen Lobby um, während ich meinen Rucksack erleichtert von den Schultern ziehe. Die Rezeptionistin bietet mir, noch bevor sie mir die Hotelformulare zum Ausfüllen gibt, ein Glas frisches Zitronenwasser an, das ich dankbar annehme. Dann reicht sie mir den Zimmerschlüssel und informiert mich, dass zum Abendessen ein Einzeltisch für mich reserviert sei. Schnell erwidere ich, dass ich gerne einen Vierertisch hätte. Die Frau sieht mich irritiert an.

»Es kommen noch andere Alpenüberquerer, und wir möchten gerne zusammensitzen«, erkläre ich. Ich gebe die Namen meiner Begleiter weiter. Allerdings kenne ich nur die Vornamen, was die Rezeptionistin aber kommentarlos zur Kenntnis nimmt und meinen Wunsch notiert.

Nachdem ich mein Zimmer bezogen und eine heiße Dusche genossen habe, setze ich mich auf der Hotelterrasse auf eine rustikale Bank, deren Sitzfläche mit Fellen ausgelegt ist. Als der Kellner das bestellte alkoholfreie Bier vor mir abstellt, lehne ich mich zurück und merke, dass die Anstrengung der heutigen Wanderung langsam von mir abfällt. Ich sitze einfach nur da und bin bei mir. Dann schicke ich meinen Wanderbegleitern eine Nachricht, dass ich angekommen bin und hier auf sie warte.

Eine halbe Stunde später gesellt sich Sandra zu mir. Jackx verkriecht sich in den hintersten Winkel der Eckbank, wo es schattig und ruhig ist. Er will wohl erst einmal auch nur mit sich sein. Sandra hingegen scheint froh zu sein, mit jemandem zu plaudern. Sie sei mit Ines und Lutz heute Morgen gestartet, wäre dann aber mit Jackx vorangegangen und habe so die meiste Strecke des Weges allein zurückgelegt. Wir tauschen uns über die Besonderheiten der Etappe aus, teilen unsere Begeisterung und unsere Freude über das Wiedersehen.

Wenig später tauchen Ines und Lutz auf der Hotelterrasse auf. Es gibt ein großes Hallo. Doch dann erzählt Ines, dass sie nicht wisse, ob sie am nächsten Tag weitergehen könne. Sie hat eine Blase unter ihrem Fußnagel, die schmerzt. Außerdem hat sie Angst, dass sich der Nagel ablöst. Das würde das Ende ihrer Alpenüberquerung bedeuten. Ines lächelt tapfer. Doch ihre Augen sehen stumpf aus, und ich kann mir vorstellen, wie enttäuscht sie ist. Lutz wirft seiner Frau einen liebevollen Blick zu. Die beiden setzen sich erst einmal und atmen durch. Was dann passiert, berührt mich auf besondere Weise, obwohl ich Teil des Ganzen bin: Sofort versuchen wir gemeinsam, eine Lösung für Ines zu finden. Es wird eine Solidarität spürbar, als wären wir alle langjährige Freunde. Ich laufe in mein Zimmer und hole Salbe, Tape und Desinfektionsmittel aus meiner Erste-Hilfe-Tasche. Sandra ruft ihren Mann an, der sich als Krankenpfleger und Gesundheitsmanager mit Wundversorgung auskennt, schildert ihm die Lage und bittet ihn um seine Einschätzung. Nachdem Ines sich etwas gefasst hat und versorgt ist, sprechen wir gemeinsam darüber, wie sie nun vorgehen könnte. Sie entscheidet sich schließlich dafür, den morgigen Tag zu pausieren und stattdessen einen Arzt oder eine Ärztin aufzusuchen. Allerdings ist morgen Sonntag. Glücklicherweise hilft der Hotelchef gerne und sucht den Bereitschaftsdienst heraus.

»Wenn es ein Hals-Nasen-Ohren-Arzt ist, gehe ich aber nicht hin«, meint Ines mit dünner Stimme, ringt sich aber dennoch ein Lächeln ab. Und sie hat Glück: In Zell am Ziller hat ein Sportmediziner Sonntagsdienst. Es wird zwar eine kleine Odyssee mit Bus und Bahn und mehrmaligem Umsteigen werden, doch Lutz macht seiner Frau Mut. Und er lässt sich von ihr auch nicht dazu überreden, doch morgen mit Sandra und mir zu gehen. Natürlich wird er bei Ines bleiben und sie begleiten!

Die Stimmung ist nicht lange getrübt. Wir treffen uns wenig später zum Abendessen an dem für uns vier reservierten Tisch. Sogar Sandras Hund Jackx darf beim Essen dabei sein, nachdem wir dem Hotelchef sehr überzeugend versichern konnten, dass der Hund sehr gut erzogen, leise und friedlich ist. Er scheint unser Lob sehr ernst zu nehmen, denn er verkrümelt sich sofort unter der Bank und macht während des Essens keinen Mucks.

An diesem Abend werden wir verwöhnt: Am Buffet bleibt kein Wunsch offen. Anschließend bin ich pappsatt. So viel habe ich in all den letzten Tagen nicht gegessen!

Auch die Gespräche sind Futter – in dem Fall für die Seele. Sie gehen tief. Vermutlich ist eine Alpenüberquerung kein Gelände, auf dem für Banalitäten und Oberflächlichkeiten Platz ist.

Nachdem alle Teller und Gläser geleert sind, verabschiedet sich Sandra, um mit Jackx noch eine Runde zu gehen. Ines, Lutz und ich bestellen einen Obstler und lehnen uns zufrieden zurück. Dann beginnen die beiden, ein wenig mehr von sich zu erzählen.

GUTE GEDANKEN MACHEN DEN UNTERSCHIED

Gespräch mit den Alpenüberquerern Ines und Lutz

Ines hat vor ein paar Jahren noch keinen Gedanken daran verschwendet, eine Alpenüberquerung zu machen. Sie hatte schwere Arthrose im Knie, und es gab Zeiten, da konnte sie keine Viertelstunde am Stück laufen und musste immer wieder wegen der Schmerzen pausieren. »Das hat mich wirklich genervt. Ich bin ein Bewegungsmensch und kann kaum stillsitzen. Ich habe mein Leben lang Sport gemacht. Ich liebe Yoga. Das alles war mit fortschreitender Arthrose nicht mehr möglich«, erzählt Ines.

»Dann wurde irgendwann von unserer Krankenkasse eine Aktivwoche Wandern im Wipptal mit verschiedenen Schwierigkeitsgraden angeboten. Mein Mann Lutz kam mit. Wir haben uns für die leichteste Variante entschieden. Ich bekam viele hilfreiche Tipps und habe ausprobiert, ob wandern für mich überhaupt geht. Und es ging. Ich habe dann einfach immer weitergemacht und trainiert. Was mir sehr geholfen hat, waren positive Gedanken. Ich habe mir also nicht gesagt: ›Ich habe Arthrose‹, sondern ›Ich hatte Arthrose‹. Das war sehr hilfreich, um es anzugehen – es einfach zu machen. So wurde es Stück für Stück besser. Lutz und ich sind auch nach der Woche viel Fahrrad gefahren oder waren an der Ostsee wandern. Früher war ich begeisterte Skifahrerin. Das ging nicht mehr. Jetzt habe ich nach Alternativen gesucht und bin schließlich zum Schneeschuhwandern gekommen. So können Lutz und ich auch im Winter wieder gemeinsam Urlaub machen. Er kann Ski fahren und ich habe mein Hobby.«

Ich bin beeindruckt, wie bergaffin die beiden Küstenmenschen sind, und spreche meine Gedanken laut aus.

»Wandern ist ja eigentlich nichts anderes als gehen«, findet Lutz. »An der Ostsee gehen wir mehr in die Weite. In den Bergen dann eben in die Höhe. Man muss überall die Füße benutzen. Man geht von A nach B. Und es ist schön, wenn man das Ziel, das man sich setzt, erreicht. An der Ostsee haben wir lange Strände. Da kann man wunderbar gehen, muss aber ebenso die Gegebenheiten berücksichtigen. Kilometerlang im Sand zu laufen ist nicht ohne. Wir sind schon den ganzen Darß abgelaufen. Und wir haben vor unserer Tür die Rostocker Heide. Da unternehmen wir ausgedehnte Spaziergänge.«

Ines ergänzt: »Aber wir waren eben auch immer schon in den Bergen. Wir sind allerdings früher nicht auf die Idee gekommen, dort zu wandern. Wir sind zum Skifahren hin. Das war unser Ding. Wir waren jedes Jahr zwei Wochen im Skiurlaub, damit es sich lohnt – immerhin haben wir eine richtig lange Anfahrt.«

Ines sieht zu ihrem Mann, der neben ihr sitzt. »In den Bergen hast du einfach eine andere Sicht. Bei uns ist ja alles flach. Und hier …« Ines wirft einen Blick aus dem Fenster. Es ist schon dunkel, aber die Bergkulisse ist noch zu erahnen. »Hier ist alles so grün. Die Umgebung wirkt ganz anders als bei uns. So kraftvoll.«

Lutz nickt. »Irgendwie gigantisch.«

»Ich finde, wandern erdet« meint Ines. »Beim Wandern bist du langsam. Da nimmst du viel mehr von der Umgebung wahr. Das ist ein bisschen wie meditieren.«

Ich möchte wissen, ob diese Achtsamkeit, die die beiden beim Bergwandern praktizieren, auch auf ihren Alltag wirkt, und erfahre, dass Ines und Lutz gemeinsam ein Versicherungsbüro betreiben. In meinem Kopf taucht ungewollt ein Klischee auf: Versicherungsmakler haben keine Freunde und versuchen, anderen möglichst viele (unnötige?) Verträge aufzuschwatzen. Doch diesem Bild entsprechen meine beiden Wegbegleiter überhaupt nicht. Seit ich meinen Weg mit ihnen teile, erlebe ich sie als einfühlsame, zugewandte Menschen.

»Wie passt das zusammen?«, will ich wissen.

»Ganz einfach. Bei uns bekommt jeder Kunde das, was er wirklich braucht. Wir führen keine Verkaufsgespräche, bei dem wir jemanden in die Ecke treiben, in der wir ihn wollen. Das machen wir nicht! Und deshalb lässt sich das mit unserer Einstellung vereinbaren. Sonst wären wir nicht glücklich damit.« Ines wischt gedankenverloren mit einer Hand über den Tisch. »Mit der Haltung werden wir natürlich nicht reich. Aber wir können davon leben. Wir sind so zufrieden. Und unsere Kunden auch.«

»Alles andere würde ja auch krank machen. Wenn man sich verbiegen muss, meine ich«, ergänzt Lutz. »Unsere Kunden schätzen das. Manchmal sind wir auch nicht nur Berater, sondern irgendwie Seelsorger.«

Ines und Lutz sind seit 1992 selbstständig. Vorher hat Lutz als Schiffbauschlosser auf einer Werft gearbeitet. Und hat nebenbei seine Frau immer wieder unterstützt.

»Das war am Anfang der Wahnsinn. Nach der deutschen Wiedervereinigung haben sich alle im Osten neue Autos gekauft. Und die mussten sie versichern. Mein Job war es, alle Angaben aufzuschreiben. Bis in die Nacht. Das wurde ja alles per Hand gemacht. Und da hat Lutz schon mal mitgeholfen.«

»Einmal wurde unsere Tochter nachts wach und kam zu uns. Da war sie acht oder neun Jahre alt. Sie sagte: ›Habt ihr eigentlich auch noch ein Kind?‹ Das hat mich wirklich wachgerüttelt. Das war ein Wendepunkt. Wir haben damals begriffen: Wir wollen nicht höher, schneller, weiter, sondern wir wollen ein Leben führen, mit dem wir zufrieden sein können.«

»Wir haben gelernt, auf unser Bauchgefühl zu hören. Und danach zu handeln«, meint Lutz.

Beide können sich gut regulieren. So verhindern sie, dass ihnen alles zu viel wird. Für Lutz ist die Malerei ein wichtiger Ausgleich. Er zeigt mir Fotos seiner Bilder auf dem Handy – und ich bin sprachlos! Lutz malt beeindruckende Landschaftsbilder, vor allem von der Küste. Er versteht es, Stimmungen und Bewegung einzufangen.

»Eine Leidenschaft fürs Malen habe ich schon sehr früh entwickelt«, erzählt Lutz. »Ich habe das schon im Kindergarten gerne getan. Damals waren es Bilder von Räubern. In der Schule hat sich das fortgesetzt. Ich hatte in Zeichnen immer eine Eins.«

Ines mag die Bilder ihres Mannes. Sie wirkt stolz, so, wie sie ihn ansieht, während er spricht. Sie selbst nennt Sport und den Strand als ihren Ausgleich. »Ich mache Yoga. Da bin ich sehr diszipliniert. Das hilft mir, wenn ich unruhig werde. Und ich bin eine Strandgängerin. Nicht jemand, der badet oder in der Sonne liegt. Ich bin Sammlerin. Gemeinsam mit Lutz sammle ich Strandglas und Treibholz. Und damit gestalten wir. Momentan fehlt mir die Zeit, um kreativ zu werden. Aber wenn der Winter kommt, geht es wieder los. Und ich fotografiere gerne.«

Abschalten können beide auch, wenn sie sich mit ihren Enkelkindern, die jetzt fünf und drei Jahre alt sind, beschäftigen. »Schöne Unruhe« nennen sie das.

Ines und Lutz wirken in ihrem Umgang miteinander auf mich sehr harmonisch und eingespielt. Was vermutlich auch notwendig ist, wenn man nicht nur freie Zeit, sondern auch den Berufsalltag miteinander teilt.

»Wir sind zwar sehr verschieden. Aber vielleicht passen wir deshalb gut zusammen«, meint Ines. Sie wendet sich direkt an Lutz, als sie fortfährt. »Du holst mich immer runter. Gut, manchmal bringst du mich auch hoch«, lacht sie. Dann dreht sie sich wieder zu mir. »Lutz ist langsamer. Er nimmt sich mehr Zeit. Bei mir muss alles immer schnell gehen. Da tut es mir gut, wenn Lutz das Tempo rausnimmt.«

Lutz wirft seiner Frau einen innigen Blick zu. Vermutlich profitiert er vom Tempo seiner Frau ebenso wie sie von seiner Entschleunigung. Was auffällt: Beide versuchen, aus den Gegebenheiten das Positive herauszufiltern. Ich bin beeindruckt davon, wie zwei Menschen mit so unterschiedlichen Temperamenten einen gemeinsamen Tritt gefunden haben. Das ist nicht selbstverständlich. Es wirkt sich bestimmt positiv auf das Wohlbefinden wie auch auf die Fähigkeit, Schwierigkeiten zu bewältigen, aus, wenn man seine eigene Geschwindigkeit wählen kann. Im Leben wie auf dem Berg. Ohne dass jemand anderer versucht, einem sein Tempo aufzuzwingen.

»War das schon so, als du Kind warst?«, will ich von Ines wissen.

»Als Kind?«, sagt sie und überlegt. »Als Kind war ich vor allem frech. Ich hatte zwei große Brüder – und eine große Klappe. Aber so richtig selbstbewusst wurde ich erst als Erwachsene. Ein positiver Blick auf die Dinge hat dabei auf jeden Fall geholfen.«

Schließlich erzählen mir beide noch ein bisschen aus ihrer Lebensgeschichte. Beide sind in der ehemaligen DDR groß geworden. Kennengelernt haben sie sich, als Lutz in der Marine war und zum Fackelzug der Jugend nach Berlin gekommen ist. Dort sind sie sich im Gesellschaftshaus über den Weg gelaufen. Zwischen den beiden hat es schnell gefunkt, nun feiern sie bald ihren 40. Hochzeitstag.

»Ich glaube, unsere Beziehung funktioniert so gut, weil wir viele Interessen teilen, uns aber auch Freiraum geben, sodass jeder seine eigenen Leidenschaften verwirklichen kann. Und dabei holen wir uns gegenseitig immer wieder rein und nehmen uns mit«, vermutet Lutz.

Viel später, als die Alpenüberquerung schon zu Ende ist, fällt mir auf: Gemeinsam und doch individuell hat auch bei unserer spontanen Wanderfreundschaft ganz wunderbar funktioniert. Wir haben als Gruppe, die sich ganz zufällig gefunden hat, viele Wege gemeinsam zurückgelegt. Und ebenso viele Wege getrennt, um uns dann abends in der Unterkunft wieder zu begegnen und uns zu erzählen, wie der Tag war. Wie wunderbar es doch ist, dass der Zufall mir solche Wegbegleiter geschickt hat!

AUF ACHT BEINEN ÜBER DIE BERGE

Nach dem gemeinsamen Frühstück am nächsten Tag verabschieden Sandra und ich uns von Ines und Lutz. Wir wünschen Ines Glück und gute Besserung. Die beiden wollen nach dem Arztbesuch mit dem Bus zum Ziel der heutigen Etappe fahren. Ich hoffe sehr, dass ich sie heute Abend auf der Dominikushütte am Schlegeisspeicher wiedertreffen werde. Sandra hat erst gezögert und überlegt, sich den beiden anzuschließen und die Etappe auszusetzen. Es sind Gewitter gemeldet. Doch die sollen erst heute am späten Nachmittag kommen. Und es gäbe im Notfall eine kürzere Variante am Schluss, die wir wählen könnten, falls das Wetter früher umschlägt. So hat sich Sandra doch in letzter Minute entschieden, die Etappe mit mir zu gehen.

Sandra und ich haben am vergangenen Tag festgestellt, dass wir ungefähr das gleiche Tempo haben. Und dass wir uns sympathisch sind. Was uns noch verbindet: Wir sind beide eigentlich allein unterwegs. Was so nicht ganz stimmt, denn Sandra hat ja ihren Labrador-Border-Collie-Mischling Jackx dabei. Der Hund schnupperte gleich bei unserer ersten Begegnung an mir und befand wohl, ich sei in Ordnung. Ines und Lutz auch. Also gehören wir fortan zu seinem Rudel. Wenn wir dann doch einmal nicht gemeinsam gehen – so wie gestern –, ist Jackx nicht gerade erfreut. Denn für ihn heißt das: Sein neu gefundenes Rudel trennt sich. Natürlich geht der Hund auch gelegentlich seine eigenen Wege, läuft voraus oder tollt über eine Wiese. Doch er kommt immer wieder zurück. Er sorgt sich schließlich um uns. Das tut überraschend gut. Denn es gibt mir, obwohl ich bei meiner Tour bisher nicht in Gefahr war, ein Gefühl von Sicherheit und Aufgehobensein.

Jackx ist nicht nur ein besonders schöner Hund mit schwarzem glänzendem Fell, braunen Sprengseln an den Läufen und einem ungewöhnlich buschigen Schwanz. Er ist auch äußerst diszipliniert und hört aufs Wort. Ein leises »behind« von Sandra reicht, damit Jackx brav hinter ihr geht. Ich bin beeindruckt. Schließlich erklärt Sandra, wieso er so gut erzogen ist: Er wird gerade zum Rettungshund ausgebildet. Erst ging Sandra mit Jackx zur Hundeschule. Dann kam die Prüfung zum Begleithund. Irgendwann hat sie sich überlegt, dass sie mit Jackx gemeinsam noch etwas Sinnvolles tun wollte. »In erster Linie ist Jackx ein Familienhund. Aber ich war überzeugt, dass er als Ausgleich noch mehr braucht. Durch Zufall habe ich von der Rettungshundestaffel erfahren. Jackx und ich haben uns das mal angesehen. Und da war sofort klar: Mein Hund hat da voll Bock drauf. Und auch ich habe Spaß dabei. Deshalb ist das genau das Richtige – für uns beide.«

Bei dem Gedanken an die Rettungseinsätze, die Hund und Besitzerin demnächst bewältigen werden, fällt mir Thomas, der Notarzt, ein. Sandra wird eine Strategie brauchen, um belastende Erlebnisse, die auf sie zukommen, verarbeiten zu können. Doch wer sich alleine auf eine Alpenüberquerung macht, hat gute Voraussetzungen, denke ich.

Sandra erklärt mir, dass die Ausbildung rund drei Jahre dauert und mit einem Test für sie als Hundebesitzerin und einer Prüfung für Jackx abschließt. Als Rettungshund ist er dann qualifiziert, im Gelände nach Menschen zu suchen. »Wenn ein Anruf von der Leitstelle kommt und gemeldet wird, dass jemand verloren gegangen ist, kommt die Rettungshundestaffel. Die Helfer und Helferinnen mit den Hunden suchen dann bestimmte Gebiete nach Menschen ab.«

Ich schaue zu Jackx. Er erwidert meinen Blick kurz, dann trottet er los. Die beiden sind ein tolles Duo. Und ich bin überzeugt, dass sie in der Rettungshundestaffel einen Platz gefunden haben, der ihnen entspricht.

ETAPPE 5

VOM GLÜCK, DIE RICHTIGEN MENSCHEN ZU TREFFEN

Von Hochfügen
über den Melchboden
bis zum Schlegeisspeicher

ES GIBT KEIN SCHLECHTES WETTER

Nebel empfängt uns, als Sandra, Jackx und ich aus dem Hotel treten. Die Sonne kämpft in dieser frühen Stunde noch vergeblich darum, Licht in die milchige Umgebung zu schicken. Es ist so kalt, dass wir die Reißverschlüsse unserer Wanderjacken bis hoch zum Kinn ziehen. Nur Jackx scheint das unwirtliche Wetter nichts auszumachen. Er darf heute das erste Stück vorangehen, was er übermütig hin- und herflitzend auskostet. Die ersten hundert Meter geht es auf der Straße an im Nebel trostlos wirkenden Hotelbauten und Liftstationen entlang, bis wir schließlich einen Kiesweg erreichen. Linker Hand plätschert der Finsingbach, rechts tropft es von den Bäumen, die den Weg säumen. Der Weg führt erst geradeaus und windet sich dann in lang gezogenen Kehren leicht bergauf. Doch das strengt Sandra und mich kaum an, denn unser angeregtes Gespräch lenkt unsere Aufmerksamkeit auf anderes. Als wir schließlich aus dem Wald treten, empfängt uns eine herrliche Landschaft: Almwiesen, Zirben und ringsum Berge. Vor uns liegt ein Almdorf, das den Abschluss des Finsingtals markiert. Der Niederleger der Pfundsalm, also der untere bewirtschaftete Bereich der zusammengehörenden Almen, liegt auf 1640 Metern und besteht aus mehreren Hütten.

Mittlerweile hat sich der Nebel gelichtet. Dafür verdecken dichte Wolken die Sonne. Es ist zwar immer noch kühl, aber durch die Bewegung ist uns warm geworden. Wir machen eine kleine Rast am Wegrand, schälen uns aus den Jacken und verstauen sie im Rucksack. Dann wandern wir weiter durch das beschauliche Tal. Es geht gemächlich bergab. An der tiefsten Stelle biegen wir nach links ab. Durch den Aufstieg, der jetzt folgt, geraten wir etwas außer Puste und stellen unser Geplauder erst einmal ein, um genügend Luft für den Berg zu haben. Über Felsblöcke geht es über den Finsingbach. Der Weg wird zu einem steilen Steig, der sich im Zickzack über einen Wiesenhang nach oben zieht. Die Landschaft hier erinnert an die Tundra: offenes Gelände, auf dem keine Bäume wachsen, dafür aber Flechten, Moose und Sträucher. Schließlich erreichen wir zwei Stunden nach unserem Aufbruch das Sidanjoch. Es liegt auf über 2120 Metern. Der Wind, der hier oben beinahe stürmisch ist, zerrt an unseren Kleidern. Rasch holen wir unsere Jacken wieder aus dem Rucksack, bevor wir uns Zeit für einen Rundumblick nehmen. Die Aussicht auf einige Dreitausender, auf schneebedeckte Gipfel und auf ein endlos scheinendes Meer aus Bergen macht mich sprachlos – und ein wenig ehrfürchtig.

Nachdem wir uns sattgesehen haben, folgen wir dem Wegweiser Richtung Rastkogelhütte. Über einen Höhenweg geht es in leichtem Auf und Ab weiter. Der atemberaubende Ausblick ist unser Begleiter. Nach einer Viertelstunde kommt die Hütte in

Sicht. Wir beschließen, hier eine ausgiebige Pause zu machen. Weil die Wolken mittlerweile einen bedrohlich dunklen Ton angenommen haben, wollen wir beraten, wie wir weitergehen werden. Wir möchten auf keinen Fall in ein Gewitter geraten. Also holen wir uns in der Rastkogelhütte zunächst etwas zu trinken, füllen unsere Wasserflaschen auf und setzen uns trotz der Feuchtigkeit, die wie eine Glocke über uns hängt, draußen auf eine Bank. Als wir gerade darüber debattieren, ob wir nun den kurzen Forstweg nehmen, der uns schneller zum Melchboden führt, dafür aber den aussichtsreichen höchsten Punkt der Alpenüberquerung, den knapp 2300 Meter hohen Mitterwandskopf, auslässt, trifft eine Wandergruppe auf der Terrasse der Hütte ein. Wir erkennen einzelne Leute, die wir schon einige Male überholt haben, und nicken ihnen zur Begrüßung zu. Der Bergführer, mit dem die Gruppe unterwegs ist, wendet sich an uns. Auch er hat wohl erfasst, dass wir auf eigene Faust über die Alpen unterwegs sind, und uns als Gleichgesinnte abgespeichert. Wir tauschen ein paar Worte über den bisherigen Weg heute aus. Dann kommt mir eine Idee. »Wie werdet ihr denn weitergehen? Über den Berg oder über die Straße?«, frage ich den Bergführer.

»Wir teilen uns auf. Einige meiner Leute sind nicht so fit. Die werden den Weg nehmen. Die anderen gehen mit mir über den Kamm«, erklärt er. Dann wirft er einen Blick in den Himmel und nickt. »Das Gewitter kommt erst am späten Nachmittag. Da müsst ihr euch keine Sorgen machen.«

Wir verlassen uns gerne auf das Urteil des Bergführers, lehnen aber sein Angebot, uns ihnen anzuschließen, ab. Wir wollen los. Und zwar jetzt gleich. Wie auf Kommando bricht die Sonne durch die Wolken und scheint uns bekräftigend und warm ins Gesicht.

Kurz nach der Hütte geht es gleich zur Sache: Ein etwas unscheinbarer Steig führt nach oben. Nach einigen Metern wird es richtig steil. Im Schneckentempo schieben Sandra und ich uns hinauf. Nur Jackx ist etwas unzufrieden, weil er sein Tempo uns anpassen muss und eigentlich viel schneller laufen möchte. Doch die Langsamkeit ermöglicht es uns nicht nur, den Berg zu bezwingen. Sie schärft auch meine Sinne. Auf dem teils felsigen, teils grasbewachsenen Hang entdecke ich ganz wunderbare Blumen. Wie federleichte, pelzige Tentakel sitzen die Blüten auf ihrem Stängel. Sie sehen aus wie ein kleines Feuerwerk am Stiel. Ich würde dem Gewächs den Namen *Feenblume* geben. Schnell mache ich ein Foto. Später wird Ines mir erklären, dass es sich dabei um Alpenanemonen handelt. Was ich auch wahrnehme, ist stetiges Pfeifen. Und das kommt eindeutig nicht von einem Vogel, denn dafür ist es viel zu abgehackt und schrill. Mit den Augen suche ich den Berghang ab. Erst ist nirgends die Quelle des Geräuschs auszumachen. Doch plötzlich entdecke ich ein Murmeltier, das hoch über mir auf einem Felsen sitzt und in unsere Richtung sieht. Immer wieder duckt es sich, um sich anschließend aufzurichten und sich umzublicken. Fasziniert beobachte ich das Tier, das aus der Ferne klein und putzig aussieht. Je näher wir dem Murmeltier kommen, umso größer wirkt es. Jedenfalls scheint es sich nicht weiter an unserer Anwesenheit zu stören. Vielleicht weiß es auch aus Erfahrung, dass der Wandersteig in ausreichendem Abstand an seinem Felsensitz vorbeiführt.

Eine Dreiviertelstunde, nachdem wir die Rastkogelhütte verlassen haben, ist der doch recht beschwerliche Aufstieg geschafft. Obwohl wir ziemlich außer Atem sind, ist die Freude groß: Wir stehen am höchsten Punkt unserer Alpenüberquerung. Als Beleg für unsere Leistung machen wir ein Selfie – selbstverständlich mit Jackx, der geradezu feierlich dreinblickt.

Dann schlendern wir die Hochebene entlang Richtung Rauhenkopf. Die Berge, die in unser Blickfeld kommen, werden immer höher und schneebedeckter. Es fühlt sich an, als würde man durch eine Kathedrale mit Wänden aus Felsen wandeln. Dann ist die unbeschwerte Gemächlichkeit mit einem Mal zu Ende: Erst geht es zackig nach unten, um dann zum Gipfel des Rauhenkopfs wieder steil anzusteigen. Danach führt der Weg weiter bis zum Arbiskopf, wo wir schließlich alle Steigungen für heute geschafft haben. Dafür ist der Abstieg richtig steil, was für das Gehen beinahe eine noch größere Herausforderung darstellt. Deshalb lassen wir uns auch hier Zeit. Gut, dass das Gewitter sich tatsächlich verzogen hat. So drängt uns nichts, und wir können wohlüberlegt unsere Schritte setzen. Sandra und ich sind glücklicherweise trittsicher. Und Jackx sowieso. Als ich kurz stehen bleibe und mich umblicke, sehe ich in weiter Ferne die Rastkogelhütte, die sich winzig klein an einen Berg schmiegt und wirkt, als hätten wir sie vor Tagen und nicht erst vor einer guten Stunde passiert.

Schließlich wird der Abstieg flacher, und wir wandern gemütlich die letzten Meter bis zur Jausenstation Melchboden. Dort teilen Sandra und ich uns einen Kaiserschmarrn, lehnen uns zurück und stellen fest, dass der Augenblick sehr nahe an absolute Glückseligkeit grenzt. Als die letzten Krümel verspeist sind, verfinstert sich plötzlich der Himmel. Mit einem Mal fallen dicke Regentropfen vom Himmel. Genau in diesem Augenblick sehen wir den Linienbus den Berg hochfahren, den wir ins Tal nehmen können. Schnell packen wir zusammen und eilen zur Bushaltestelle. Die wenigen Tropfen, die wir abbekommen, sind nicht der Rede wert. Über Ramsau geht es mit Bus und Bahn nach Mayrhofen im Zillertal.

GEHEN, DAMIT DIE SEELE ZUR RUHE KOMMT

Gespräch mit Erzieherin und Rettungshundeführerin i. A. Sandra

Als wir am Bahnhof in Mayrhofen aus dem Zug steigen, regnet es in Strömen. Bevor ich meinen Weg zum Schlegeisspeicher fortsetze, wo ich die Nacht in einer Berghütte verbringen werde, steuere ich mit Sandra im Laufschritt ein Café an. Wir nehmen in einem Pavillon Platz. Hier ist es trocken. Jackx macht es sich unter dem Tisch bequem. Die Pause scheint ihm ganz recht zu sein. Einige Minuten sitzen Sandra und ich nur da und schauen dem Regen beim Fallen zu. Das hat einen beinahe hypnotischen Effekt. Schließlich reißt uns die Bedienung aus unserer Trance und fragt, was sie uns bringen könne. Wir bestellen Tee und Kaffee. Als unsere Getränke schließlich auf dem Tisch stehen, beginnt Sandra, von sich und ihrem Leben zu erzählen.

Sie ist 44, verheiratet und hat eine kleine Tochter. »Geboren bin ich im Vogtland in der ehemaligen DDR. Das liegt in Sachsen. Dort habe ich die ersten sechs Jahre meines Lebens verbracht. Danach bin ich mit meinen Eltern in den Westen gekommen. Zunächst sind wir nach Nordheim in Norddeutschland gezogen. Hier musste ich erst noch ein Jahr in den Kindergarten gehen.« Dann ergänzt sie: »Ich habe damals wohl so dermaßen ›gevogtländert‹, dass mich niemand verstanden hat. Meine Eltern entschieden, dass ich erst mal richtig Hochdeutsch lernen soll. Mit sieben bin ich dann in die Schule gekommen.«

Sandra hat mit ihrer Familie in Norddeutschland gelebt, bis sie zehn war. Dann sind sie an den Bodensee gezogen. Doch sie ist mit ihren Eltern damals nicht einfach so in den Westen gekommen. Es war viel komplizierter.

»Der Traum meines Vaters war schon als Jugendlicher, weg aus der DDR und in den Westen zu gehen. Er hat sich nach Freiheit gesehnt. Und er wusste: Irgendwann schaffe ich das.« Sandra ist überzeugt davon, dass sie den Drang nach Freiheit von ihrem Vater geerbt hat. Die Alpenüberquerung passt deshalb richtig gut zu ihr: mit wenig Ballast und Gepäck einfach losgehen.

»Als mein Vater meine Mutter kennenlernte, haben die beiden begonnen, gemeinsam mit Freunden Fluchtpläne zu schmieden«, erzählt Sandra weiter. »Damals gab es viele spektakuläre Fluchtversuche: im Kofferraum eines Autos mit doppeltem Boden oder mit einem Heißluftballon. Oder über die grüne Grenze. Darüber hat vor allem mein Vater nachgedacht. Pläne gab es viele. Meine Mutter hat meinen Vater aber immer wieder gebremst. Sie hatte damals im Osten eine Drogerie. Dem Geschäft gegenüber hat sie sich verpflichtet gefühlt. Und auch meine Großmutter lebte damals noch und die wollte meine Mutter nicht allein lassen. Als meine Oma gestorben ist, meinte meine Mutter, jetzt könne sie sich auf eine Flucht einlassen.« Doch irgendwer musste der Stasi damals etwas von diesen Plänen erzählt haben.

»Ich war vier Jahre alt, als wir gemeinsam im Sommerurlaub waren. Ich glaube, wir sind nach Bulgarien gefahren. Als wir nach Hause kamen, wurden meine Eltern gleich bei der Ankunft festgenommen. Ich wurde von ihnen weggerissen und kam in einen anderen Raum. Von da an habe ich meine Eltern nicht mehr wiedergesehen. Mein Vater und meine Mutter wurden verhört und kamen in U-Haft. Sie saßen getrennt voneinander zweieinhalb Jahre im Gefängnis. Ich war erst einmal im Kinderheim, bis klar war, was mit mir passieren sollte. Dann hat sich – zum Glück – die Schwester meines Vaters gemeldet und mich zu sich und ihrer Familie genommen. Dort habe ich schließlich über zwei Jahre verbracht.«

Ich merke, dass ich nur vom Zuhören einen Kloß im Hals habe. »Hast du deine Eltern während dieser Jahre gar nicht gesehen?«, frage ich nach.

Sandra wirkt sehr ruhig, als sie antwortet. »Nein, das war nicht erlaubt. Meine Tante war einige Male ohne mich zu Besuch im Gefängnis. Meine Mutter hat wohl lange davon gezehrt, wenn ihr meine Tante von mir erzählt hat.« Sandra streicht sich nachdenklich über den linken Arm. Auf dem rechten hat sie einige Tätowierungen: Alles, was ihr im Leben wichtig ist oder war, hat sie hier symbolisch verewigt. Sandra wirkt energisch und zugleich in sich ruhend. Ich finde, sie strahlt Stärke und Entschlossenheit aus. Doch wie schafft man es, so viele Herausforderungen in so jungen Jahren zu bewältigen und daran nicht zu zerbrechen?

Sandra hat dazu ihre eigene Idee: »Meine Tante und mein Onkel haben mich so großgezogen, als wäre ich ihr eigenes

Kind. Ich hatte nie das Gefühl, dass ich nicht dazugehöre. Ihre eigene Tochter war damals schon 16. Meine Tante und mein Onkel haben uns beide gleich behandelt und keinen Unterschied gemacht. Ich glaube, das war es, was mir geholfen hat, klarzukommen und das alles gut zu überstehen. Meine Tante, mein Onkel und meine Cousine waren meine Familie. Ich hatte immer das Gefühl, willkommen zu sein. Meine Tante hat damals in einer Kinderkrippe gearbeitet. Sie hat mich jeden Morgen dorthin mitgenommen. Obwohl sie arbeiten musste, hatte ich sie also den ganzen Tag um mich.

Ich weiß noch, dass mein Onkel ein altes Motorrad, eine Simson, hatte. Er war Maler und auf dem Weg zur Arbeit hat er mich und meine Tante immer mitgenommen. Er saß vorne und ist gefahren. Meine Tante saß hinten und ich in der Mitte. Das war echt voll cool!«

Ich finde, das ist ein schönes Bild: Das kleine Mädchen wurde in die Mitte genommen und von allen Seiten beschützt.

»Dann kam irgendwann der Tag X«, erzählt Sandra weiter. »Meine Eltern wurden nach zweieinhalb Jahren aus der Haft entlassen. Hätten sie sich darauf eingelassen, ihre Fluchtpläne zu verwerfen und im Osten zu bleiben, wären sie früher entlassen worden. Aber sie blieben dabei, in den Westen zu wollen – und es war klar, dass sie nach der Haft gehen könnten. Die Gefängnisse, in denen meine Eltern saßen, waren ziemlich weit voneinander entfernt. Sie haben sich also nie gesehen und konnten sich nicht absprechen. Und doch sind beide unabhängig voneinander dabei geblieben: Sie wollen in den Westen.«

Wie um ihre Worte zu bekräftigen, klopft Sandra bei jedem Wort mit der Hand auf den Tisch. »Ob meine Mutter das durchhalten würde, war meinem Vater nicht klar. Sie hatte ja auch einen großen Drang, mich endlich wieder zu sehen und bei mir zu sein. Aber meine Mutter wusste, dass mein Vater es durchziehen würde. Also tat sie es auch.«

Knapp zwei Jahre später wurden Sandras Eltern dann aus der Haft entlassen. »Zunächst kamen meine Eltern in ein Übergangslager. Danach sind sie in der Nähe von Göttingen untergekommen. Mich durften sie nicht so einfach mitnehmen. Dazu mussten sie erst einen Antrag stellen«, erzählt Sandra weiter. »Die Bewilligung hat rund ein halbes Jahr gedauert. Schließlich bekamen meine Eltern einen Brief, wann genau und an welcher Grenze sie mich abholen könnten. Sie hatten damals außer den 100 Mark Begrüßungsgeld nichts, als sie in den Westen gekommen sind. Sie mussten sich alles mühsam erarbeiten. Das Wichtigste war ihnen, dass ich ein Kinderzimmer haben sollte, wenn sie mich zu sich holen können.« Sandra wiederholt: »Ein Kinderzimmer. Für mich.« Diese Worte spricht sie so gefühlvoll aus, dass ich Gänsehaut bekomme.

»An den Tag, als mich meine Eltern abholten, kann ich mich noch erinnern. An der Grenze gab es eine riesengroße Wiese. Ich habe dort Gänseblümchen gepflückt. Dann hat meine Mutter mich gerufen. Ich bin auf meine Eltern zugerannt – allerdings dann nicht zu meiner Mutter, sondern zu meinem Vater gegangen. Später hat mir meine Mutter erzählt, dass das für sie richtig schlimm war. Aber das weiß ich natürlich nicht mehr. Jedenfalls sind wir anschließend nach Hause gefahren. Also in das neue Zuhause im Westen.«

Trotz des Glücks, wieder mit den Eltern vereint zu sein, bedeutete für Sandra der Umzug in den Westen eine erneute, abrupte Trennung von ihren Bezugspersonen, ihrer Tante und ihrem Onkel, die sie liebevoll aufgenommen hatten. »Und dazu kam noch, dass in meinem neuen Zuhause alles so anders war. Es sah alles ganz anders aus. Und hier haben alle so komisch geredet. Jedenfalls dachte ich das damals.«

Warum sie sich trotzdem gesund weiterentwickeln konnte, lag vielleicht an der evangelischen Kirchgemeinde, an die ihre Eltern Anschluss hatten.

»Der Pfarrer der Gemeinde hat sich sehr um mich gekümmert. Ihm war es wichtig, dass ich gut ankommen konnte. Es gab in meinem Leben immer wieder Erwachsene, die es sehr gut mit mir gemeint haben«, stellt Sandra fest. Sie ist davon überzeugt, dass das dazu beigetragen hat, dass sie stabil durchs Leben gehen konnte.

Auf den Wegen, die wir bisher gemeinsam zurückgelegt haben, hat Sandra mir von ihrem künstlichen Hüftgelenk erzählt, das sie mit Mitte 30 bekommen hat. Auch von einem doppelten Bandscheibenvorfall musste sie sich schon erholen. Dann hat sie eine kleine Tochter, die als Frühchen auf die Welt kam. Trotz all dieser Hürden habe ich Sandra immer lebensfroh erlebt und als einen Menschen kennengelernt, der gerne lacht.

»Ich denke, ich bin eine Optimistin«, meint sie. »Klar gibt es immer mal Momente, in denen ich traurig oder down bin, wenn etwas nicht so richtig funktioniert. Dennoch versuche ich, nach einer bestimmten Zeit immer auch das Positive an der Situation zu erkennen. Diese Einstellung hat mich mein bisheriges Leben lang begleitet. Das habe ich sicherlich ein Stück weit meinen Eltern zu verdanken, die immer hinter mir standen. Immer. So waren sie mein Fels, den ich hatte, meine Stabilität. Wenn man Menschen um sich hat, die immer zu einem halten, fällt es leichter, eine positive Lebenseinstellung zu haben. Denn dann weißt du, dass du weich fällst, wenn es dumm läuft, weil dich jemand auffängt. Also muss ich sagen: Mein Leben ist gut, so, wie es ist, mit all den Umwegen, die ich machen musste. Letztendlich haben alle etwas gebracht. Und sie waren auch wichtig für mich.«

Die Alpenüberquerung ist für Sandra wohl auch so ein nötiger Umweg. Sie musste etwas Abstand zwischen sich und ihren Alltag bringen, weil sie einiges verarbeiten muss. »Ich dachte, es bringt mich weiter, wenn ich einmal wirklich für mich bin. So kam ich auf die Idee, eine Alpenüberquerung zu machen. Damit ich das auch durchziehe, habe ich vielen Menschen von meinem Plan erzählt. Dann gab es kein Zurück mehr. Denn sonst wäre ich ja nicht mehr glaubwürdig gewesen«, sagt sie.

Sandra arbeitet als Erzieherin in der Jugendhilfe. Sie hat in den vergangenen Jahren viele Familien begleitet, in denen es gerade die Kinder schwer haben. Dennoch haben einige von ihnen es geschafft, trotz schwieriger Umstände eine stabile Persönlichkeit zu entwickeln und ein gutes Leben zu führen.

»Ich glaube, wenn es in der Familie schwierig ist, weil zum Beispiel ein Elternteil suchtkrank ist oder die Eltern sich nicht gut um ihre Kinder kümmern können, haben es die Kinder zwar schwerer, aber auch sie können die Kurve kriegen. Ich denke, Widerstandskraft und Stärke werden einem zum Teil mitgegeben. Aber man kann auch später daran arbeiten. Allerdings ist das schon ein harter Weg. Dann musst du dich nämlich mit Dingen auseinandersetzen, die dir vielleicht nicht gefallen, über die du nicht so gerne nachdenkst oder redest. Wenn man aber den Mut hat und da drangeht, hat man eine Chance, das Ruder rumzureißen. Natürlich ist es großes Glück, wenn man auch als Erwachsener Menschen um sich hat, die eine positive Sicht auf die Dinge haben. Von denen kann man viel lernen.«

Und ich sicherlich von Sandra, denke ich. Von der starken Frau, die der Zufall mir als Wanderbegleiterin geschickt hat.

Für mich wird es Zeit, zur Hütte aufzubrechen. Wir verabschieden uns. Jackx sieht mir wie immer bei einer Trennung irritiert nach. Morgen früh fährt Sandra mit dem Bus zum Schlegeisspeicher. Dort haben wir uns verabredet, um gemeinsam die nächste Etappe zu starten. Der Regen hat etwas nachgelassen. Ich gehe langsam in Richtung Bahnhof, wo ich den Bus nehmen werde. Das Sitzen eben hat wieder ein paar Lebensgeister geweckt. Auch wenn meine Schritte gerade etwas schwerfällig sind, fühle ich mich doch leicht. Vielleicht liegt das nicht nur an der kleinen Pause, sondern auch an dem berührenden Austausch mit Sandra. Ich freue mich jetzt schon darauf, sie morgen wiederzusehen.

VOM GLÜCK, WENN JEMAND AUF EINEN WARTET

Zum Schlegeisspeicher muss ich noch eine Stunde mit dem Bus fahren. Als ich beim Speichersee angekommen bin und aus dem Bus steige, bin ich platt. Nicht wegen des langen Tages, sondern weil ich nicht mit einem solchen Ausblick gerechnet habe! Der See liegt still und türkisgrün vor mir. Dahinter sieht man einen Gletscher, der zur Hochfeiler Nordwand gehört. Die Abendsonne taucht das Schneefeld in ein leuchtendes Orange. Es sieht aus, als bestünde der Gletscher aus Lava. Als ich mich auf die Dominikushütte zubewege, entdecke ich die monströse Staumauer, die gewölbt aus dem Wasser ragt. Links oben thront mein heutiges Quartier, das über einen kleinen Weg oder über Treppen erreichbar ist. Ich lege den Kopf in den Nacken und lasse das Haus auf mich wirken. In dem Augenblick öffnet sich ein Fenster im ersten Stock. Es ist Ines, die sich über das Sims beugt und mir zuwinkt. »Schön, dass du da bist«, ruft sie. »Wir haben mit dem Essen auf dich gewartet.«

Ein warmes Gefühl von Heimkommen macht sich in mir breit. Wie schön es ist, Menschen gefunden zu haben, die hier auf mich warten! Denen ich erzählen kann, was ich heute erlebt habe. Und die ehrlich wissen wollen, wie es mir geht. Das rührt mich so sehr, dass ich schlucken muss. Ich nehme den letzten kleinen Aufstieg für heute in Angriff und trete auf die Terrasse der Hütte. Dort stehen Ines und Lutz in der geöffneten Tür. Sie kommen auf mich zu und umarmen mich.

»Wir wollen alles von der heutigen Etappe wissen«, ist das Erste, was Lutz sagt. Dieser Aufforderung werde ich später beim Abendessen gerne nachkommen. Jetzt beziehe ich aber erst einmal mein Zimmer. Weil die Hütte nicht voll belegt ist, bekomme ich ein Doppelzimmer mit Stockbett und Waschbecken ganz für mich allein. Der gesprächige Hüttenwirt zeigt mir den Schuhraum, bietet mir an, meine Sachen mitzuwaschen, informiert mich über die Duschen im Keller, verkauft mir eine Duschmarke und wünscht mir einen schönen Aufenthalt.

Bevor ich mich zu Ines und Lutz in die Gaststube setze, packe ich erst einmal aus. Dann gehe ich mit Handtuch und Duschzeug nach unten. Dort gibt es zwei Türen. Ein Mann betritt vor mir eine der beiden Duschen. Ich drücke die Klinke der anderen Tür. Sie ist unverschlossen. Doch als ich sie einen Spalt breit aufdrücke, sehe ich, dass Licht brennt und Dampfschwaden durch den Raum wabern. Schnell schiebe ich die Tür wieder zu und rufe: »Entschuldigung!« Im nächsten Augenblick wird sie von innen aufgerissen, und ein nackter alter Mann steht im Türrahmen. Er grinst mich an und raunt mir zu: »Du kannst gerne hereinkommen und mit mir zusammen duschen.« Ich bin so perplex, dass mir kein passender Kommentar einfällt. Stattdessen mache ich auf dem Absatz kehrt und gehe nach oben. Eines weiß ich sicher: Hier werde ich nicht duschen! Körperhygiene hin oder her – waschen muss auch reichen. Froh und dankbar, ein eigenes Waschbecken zu haben, mache ich mich in meinem Zimmer frisch.

Der Schreck ist schnell verflogen, als ich in frischen Sachen nach unten gehe und mich zu Ines und Lutz an den Tisch setze. Erst will ich den beiden von meinem sonderbaren Erlebnis im Keller erzählen. Doch dann lasse ich es und schenke dem verblüfften Lutz meine Duschmünze. Mein Magen knurrt. Die reichhaltige Speisekarte macht mir die Entscheidung schwer, am Ende werden es ganz einfach Spaghetti. Sie schmecken hervorragend – so wie gutes Essen eigentlich immer schmeckt, wenn man nach körperlicher Anstrengung einen gesunden Appetit hat.

Der Abend wird sehr gesellig. Ines und Lutz erzählen von ihrem Abenteuer – der durchgetakteten Fahrt mit Bus und Bahn zum ärztlichen Sonntagsdienst. Ines sei gut verarztet worden und zuversichtlich, dass sie morgen wieder wandern könne. Ich erzähle von der Tour mit Sandra und Jackx. Es ist schon spät, als ich es mir schließlich auf der unteren Matratze meines Stockbetts gemütlich mache. Doch leider ist an Schlaf nicht zu denken: Einige junge Männer, die auch auf der Hütte übernachten, haben offensichtlich zu viel getrunken und stehen singend und lallend auf der Terrasse unter meinem Fenster.

So mache ich aus der Not eine Tugend und beschließe, auf den Balkon zu gehen und den Nachthimmel anzuschauen. Hier in den Bergen ist das Sternenmeer am rabenschwarzen Himmel überwältigend. Meine Augen können die unendliche Zahl der Lichtpunkte kaum fassen. Dann schweift mein Blick zum See. Was ich dort zu sehen bekomme, werde ich sicherlich nie vergessen: Der Mond ist hinter einem Bergrücken verborgen. Sein fahles Licht strahlt wie ein Spot den Gletscher daneben an und bringt das Schneefeld in einem beinahe überirdischen Blau zum Leuchten. Was für ein zauberhafter Ausblick! Ich stehe lange, schaue gebannt. Erst als ich merke, dass ich mit den Zähnen klappere und völlig durchgefroren bin, gehe ich zurück in mein Zimmer. Das Bild des blauschimmernden Gletschers folgt mir in meine Träume.

Am nächsten Morgen laufe ich im Treppenhaus dem Mann aus der Dusche kurz über den Weg. Er scheint mich nicht zu erkennen – und ich habe kein Interesse daran, Kontakt mit ihm aufzunehmen. Im Speiseraum treffe ich Ines und Lutz beim Frühstück. Ein Luftballon hängt an der Lampe über dem Tisch. Ehe ich registriere, was los ist, tritt der Hüttenwirt singend an unseren Tisch. In seinen Händen balanciert er einen Teller mit einem Stück Apfelstrudel. Mitten im Strudel steckt eine brennende Kerze. Ines hat Geburtstag! Und Lutz hat sich darum gekümmert, dass der Tag trotz Wanderschaft ein bisschen besonders wird. Wir stoßen mit Tee an, lassen Ines hochleben und feiern so gemeinsam ihren 61.

Nach dem Frühstück wollen wir los. Doch das Wetter ignoriert erst einmal Ines' Ehrentag: Graue Wolken nehmen den gesamten Himmel ein, und es schüttet wie aus Eimern. Als Sandra, auf die wir gewartet haben, mit dem Bus beim Schlegeisspeicher ankommt, ist an Aufbruch nicht zu denken. Der Hüttenwirt wischt auf seinem Handy herum und versichert uns, dass der Regen demnächst nachlassen wird. Also trinken wir zu viert noch eine Tasse Kaffee und warten auf Sonnenschein.

DIE LETZTE ETAPPE

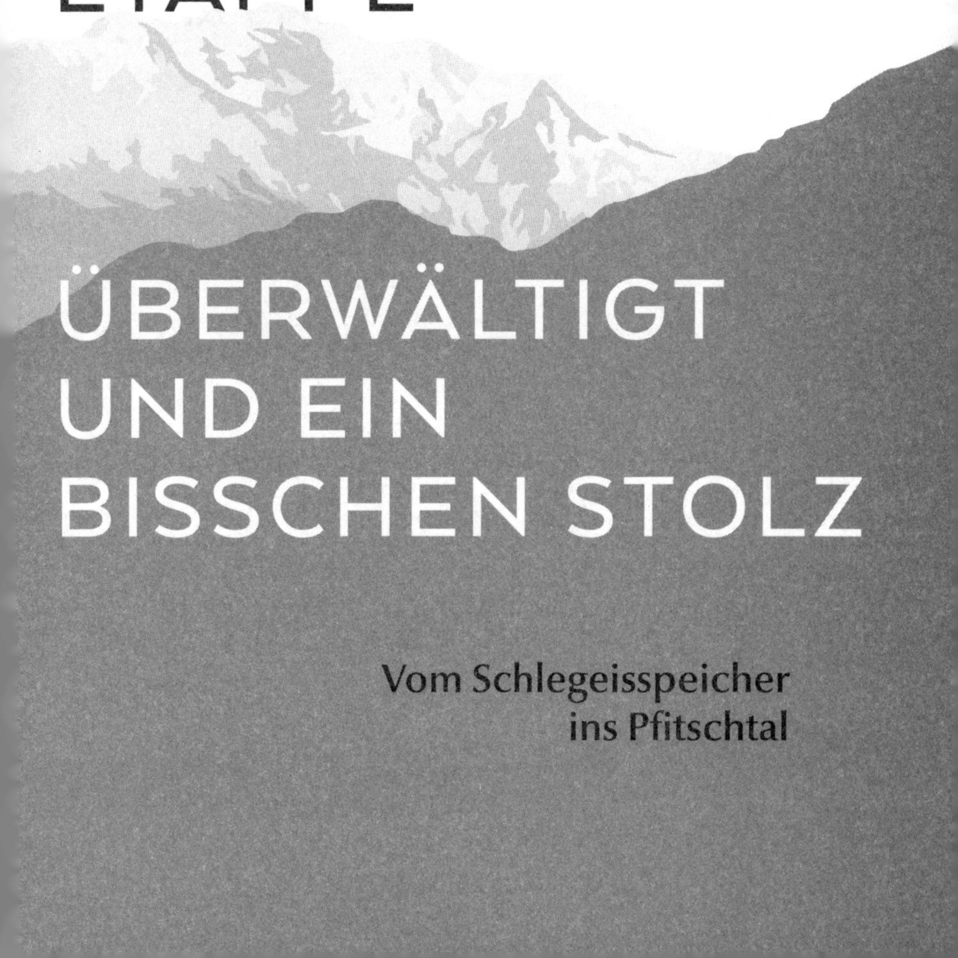

ÜBERWÄLTIGT UND EIN BISSCHEN STOLZ

Vom Schlegeisspeicher ins Pfitschtal

WAS MAN ALLES KANN!

Eine Stunde später sieht es aus, als hätte es niemals Regen gegeben: Die Sonne strahlt, und Ines, Lutz, Sandra und ich strahlen auch – voller Vorfreude auf die heutige, letzte gemeinsame Etappe. Nur ein kleiner Schuss Wehmut lässt den nun herrlichen Sonnentag für einen Augenblick etwas fahl erscheinen. Ich schüttle den Gedanken ab und konzentriere mich auf das Jetzt: Heute werden wir also endlich den Alpenhauptkamm überqueren. Doch zuerst gehen wir gemächlich von der Dominikushütte bergab bis zum Ufer des Schlegeisspeichers. Wie ein blank polierter Spiegel liegt das türkisblaue Wasser neben uns. Etwa eineinhalb Kilometer führt unser Weg am Nordufer des Stausees entlang. Wir gehen auf Asphalt, was es einfach macht, den Blick immer wieder nach links wandern zu lassen, um den Gipfel des über 3500 Meter hohen Hochfeilers und den darunterliegenden Schlegeisferner-Gletscher zu bewundern.

Vor uns zeigt ein Schild an, dass es bis zum Pfitscherjoch etwa zwei Stunden Fußmarsch sind. Unter dem Hinweis auf die Berghütte steht auch schon verheißungsvoll *Italien*. Wir lassen den See hinter uns und wandern erst ein Stück auf einem Fahrweg, dann auf einem schönen, mit Nadelbäumen und Büschen gesäumten Pfad. Das ansteigende Gelände rechts und links von uns sieht saftig grün aus. Rechts neben uns rauscht ein stattlicher Wasserfall in die Tiefe und untermalt die Aussicht auf *bella italia* mit einer besonderen Fanfare. Der kiesige Untergrund des Wegs ist immer wieder durch ausgelegte Steinplatten begradigt. Das macht es Ines, die neben Lutz hinter Sandra und mir geht, leichter, auf ihre Schritte zu achten. Steinmännchen aus Granitbrocken – von Wanderern aufgebaut – verzieren die abgeflachten Felsen, die nun links von uns auftauchen. Der Wanderweg, der bisher kaum eine Steigung für uns bereithielt, wird hier zum Wiesenweg. Ein Bach durchschneidet die felsengesprenkelte Almwiese vor uns, und wir folgen seinem Lauf. Ein paar Kühe sehen gelangweilt zu uns herüber, bevor sie sich wieder dem Grasen zuwenden.

Mit einem Mal verliert sich der Weg im Nichts: Wir stehen vor einem See. Zumindest sieht es so aus. Denn was uns hier den Durchgang versperrt, ist der ehemals kleine, unscheinbare Bach, der durch den Starkregen von vorhin über die Ufer getreten ist. Er hat die Wiese und damit auch den Weg, den wir weitergehen wollen, unter Wasser gesetzt. Etwa zwanzig Meter vor uns steigt das Gelände leicht an. Dort tritt der Wanderweg wieder aus dem Wasser heraus. Dahin müssen wir – und das wird uns kaum mit trockenen Füßen gelingen! Ich setze einen ersten Schritt ins Wasser, versuche, Erhöhungen zu ertasten, damit ich nicht völlig eintauche. Dann gehe ich einfach los. Meine Wanderschuhe halten zuerst einen Großteil des Wassers ab. Nur zwischen der Schnürung der Stiefel dringt Nässe ein und wird gierig von meinen Wandersocken aufgesogen. Hinter mir höre ich Sandra leise schimpfen. Jackx dagegen durchpflügt begeistert das Wasser und wartet einen Augenblick später bellend und schwanzwedelnd im Trockenen auf uns. Ich wate das letzte Stück durch die Überschwemmung und stelle mich neben ihn. Sandra schließt auf. Ines und Lutz hatten eine andere Idee: Beide haben ihre Schuhe ausgezogen, sie sich an den verknoteten Schnürsenkeln über ihre Schulter geworfen und gehen auf Wanderstöcke gestützt barfuß durchs Wasser. Sebastian Kneipp hätte seine wahre Freude an den beiden Wassertretern! Als alle das nasse Hindernis bewältigt haben, setzen wir unseren Weg fort. Im Stillen schicke ich ein kleines Stoßgebet zum Himmel: Bitte keine Blasen! Nicht auf der letzten Etappe! Bisher bin ich nämlich erstaunlicherweise davon verschont geblieben. Und das wird sich trotz nasser Füße hoffentlich auch heute nicht ändern.

Nun steigt das Gelände an. Am Horizont taucht ein Gebäude auf. Sandras Hoffnung, dass das schon das Pfitscherjoch-Haus sein könnte, wird nicht erfüllt. Dafür ist die Hütte zu klein und wir sind noch nicht lange genug unterwegs. Nach einigen hundert Metern wird es plötzlich richtig steil: Wir kämpfen uns über Felsblöcke den Anstieg nach oben. Schließlich erreichen wir das urige Holzhaus. Die in eine Granitplatte gehauene Beschriftung verkündet, dass wir uns auf der bewirtschafteten Lavitzalm befinden. Biertische stehen schon in Reih und Glied, doch wir ignorieren sie, denn wir sind nun von dem Wunsch getrieben, endlich Italien zu erreichen. Über einen Fahrweg gehen wir weiter. Riesige, flache Steinblöcke dienen als Tritthilfen, um einen Fluss zu überqueren. Dann entscheiden wir uns, statt des breiten Weges den steilen Steig hoch zum Pfitscherjoch zu nehmen. Die Baumgrenze haben wir längst hinter uns gelassen. Felsen, Gras, Moos und Flechten prägen das Landschaftsbild. Ein letztes Mal wird mir bei meiner Alpenüberquerung hier Kraft und Ausdauer abverlangt. Der Aufstieg schlängelt sich einen steinigen Wiesenhang hinauf. Endlich oben angekommen, treffen wir knapp vierzig Minuten, nachdem wir die Lavitzalm hinter uns gelassen haben, wieder auf den Fahrweg – der uns direkt zu einem großen Granitquader führt. *ITALIA* prangt in Versalien darauf. Dahinter verabschiedet sich die Republik Österreich auf einem mit etlichen Aufklebern verzierten Schild. Ich lehne mich an den Italien-Granit, schließe für einen Moment die Augen und spüre in mich hinein. Ich bin bis hierher zu Fuß gegangen. Von Süddeutschland bis nach Italien! Wärme durchflutet mich. Ich spüre, wie sich Tränen hinter meinen Augenlidern sammeln. Ich bin stolz. Und glücklich. Und in guter Gesellschaft.

Ich blinzle die Tränen weg, öffne die Augen und sehe mich nach meinen Wanderbegleitern um. Sandra und Jackx kommen kurz nach mir an. Ines und Lutz haben sich etwas Zeit gelassen und sind in der Ferne als kleine Punkte zu erkennen. Ich winke den beiden zu – überzeugt, dass sie das nicht sehen werden. Egal, denn das Winken gilt nicht nur ihnen als Gruß, sondern mir als Verbindung zu ihnen. Dann nehmen Sandra und ich uns in den Arm. Ich sehe, dass sie genauso berührt ist wie ich.

Als wir uns wieder gefasst haben, folgen wir dem nun breiteren Weg in Richtung Pfitscherjoch-Haus. Ein weiterer Willkommensgruß, diesmal ein Schild, auf dem *Benvenuti – Südtirol, Alto Adige* steht, säumt rechts unseren Weg. Dann endlich stehen wir vor dem modernen Berghaus auf 2276 Metern Höhe. Hinter dem Pfitscherjoch-Haus ragen Dreitausender in den Himmel. Ich gehe bis zu einem Aussichtsplateau. Dort ist ein schmiedeeisernes Herz aufgestellt, an dem bunte Bänder hängen, die im Wind flattern und das Herz auf besondere Art lebendig erscheinen lassen. Ich sehe mich um. Von hier aus öffnet sich der Blick weit hinein in das abfallende Gelände des Pfitschertals. Nebel steigt wie ein Vorhang aus Tüll nach oben. Immer wieder reißt der Dunst auf und gibt das satte Hellgrün der Wiesen im Tal frei. Einige Schneefelder links von mir zeugen davon, dass wir uns direkt auf dem Alpenhauptkamm befinden. Für eine Schneeballschlacht eignet sich der schmutzig beige, an den Rändern zusammengeschrumpfte Schnee allerdings nicht.

»Los, wir stoßen an!«, ruft Sandra, als Ines und Lutz ankommen, und steuert den Eingang des *Rifugio* an. Nachdem wir uns mit Getränken versorgt haben, nehmen wir zu viert um einen Holztisch Platz. Jackx liegt zufrieden darunter und würdigt uns keines Blickes, als wir klirrend unsere Gläser aneinanderstoßen. Hier oben ist es windig und kalt. Verschwitzt vom Aufstieg fange ich an zu frieren. Hastig ziehe ich den Reißverschluss meiner Jacke nach oben. Ines und Sandra tun es mir gleich. Nur Lutz sitzt ungerührt mit kurzer Hose und aufgekrempeltem Hemd da und trotzt der Kälte.

»Schade, dass unser gemeinsamer Weg zu Ende ist«, sagt Ines und klingt wehmütig. Sie und Lutz werden heute hier übernachten und morgen die letzte Etappe bis Sterzing gehen. Sandra und ich haben vor, gleich weiterzuwandern. Darum bleiben wir auch nur sitzen, bis wir ausgetrunken haben, denn es liegt noch eine längere Wegstrecke bis ins Pfitschtal vor uns.

ABSCHIED – UND ANKOMMEN

Der Abschied nimmt einige Zeit in Anspruch. Immer wieder umarmen wir uns, wünschen uns einen guten Weg, vereinbaren, dass wir uns wiedersehen. Es ist ein ergreifender Moment, immerhin haben wir etliche Höhenmeter, Hindernisse, Erschöpfung und Begeisterung miteinander geteilt. Irgendwann zieht Jackx an der Leine, und Sandra und ich nehmen das als Zeichen, nun doch aufzubrechen. Ines und Lutz begleiten uns noch bis zum Durchlass am Weidezaun und winken uns hinterher. Für Sandra, Jackx und mich geht es ab jetzt bergab, stetig und steil. Ich bin froh, dass Wind und Sonne das Gelände abgetrocknet haben, sonst wäre der Abstieg rutschig und nicht ganz ungefährlich. Aber auch so erfordert das Gehen über Felsstufen und Wurzeln meine volle Aufmerksamkeit. Nur Jackx springt den Steig nach unten, als würde er über den Abhang fliegen. Als das steilste Stück geschafft ist, treten wir in einen Wald. Hier geht der Pfad in eine Fahrstraße und kurz darauf in einen Waldweg über, und wir können unsere Schritte beschleunigen. Nach und nach lichten sich die Bäume. Wiesen tauchen auf, und mich überflutet schlagartig eine so wuchtige Welle von Wehmut, dass ich stehen bleiben muss. Ich habe die Berge hinter mir gelassen. Und ich vermisse sie schmerzlich. Was natürlich nicht ganz nachzuvollziehen ist, denn immerhin ragt der Alpenhauptkamm immer noch in meinem Rücken auf. Doch das Gefühl von Abschied ist so mächtig, dass ich einen Kloß im Hals habe. Ich schlucke. Da flitzt Jackx an mir vorbei. Der Anblick hilft mir, mich wieder auf das Hier und Jetzt zu besinnen und weiterzugehen.

Nach zwei Stunden erreichen wir den kleinen Ort Stein. Hier folgen wir der asphaltierten Straße und biegen am Ortsende auf einen Wiesenweg ab. Noch rund 45 Minuten, dann werden wir St. Jakob im Pfitsch erreichen und auch Sandra und ich werden uns verabschieden müssen. Wir nutzen die verbleibende Wegstrecke, um gemeinsam unsere Alpenüberquerung noch einmal Revue passieren zu lassen.

»Ich glaube, es war eine gute Fügung, dass wir uns begegnet sind. All die wunderbaren Gespräche, das gemeinsame Gehen und das unkomplizierte Schweigen – das nehme ich mit und das wird mich noch lange begleiten«, meint Sandra schließlich.

Ich nicke: Ja, die Begegnung mit meinen Begleiterinnen und Begleitern war ein wunderbarer Zufall, der aus dem Schönen etwas Besonderes gemacht hat.

Der Wiesenweg schlängelt sich durch Kuhweiden. Vor uns taucht eine größere Ansammlung von Häusern auf. Wir wandern auf flachem Talboden dem Ziel entgegen. Eine kleine Dorfstraße führt uns, den Kirchturm im Blick, ins Zentrum des beschaulichen St. Jakob. In der Dorfmitte bleiben wir stehen. Sandra wird hier übernachten und sich morgen auf den Weg nach Sterzing, der nördlichsten Stadt Italiens, machen.

Ich werde noch ein kleines Stück weitergehen und kurz vor Sterzing von meinem Mann erwartet, der mich abholt. Gemeinsam schweigen Sandra und ich einen Moment. Dann grinst sie mich an. »Komm doch morgen Mittag zum Zwölferturm. Dann treffen Ines, Lutz, du und ich uns noch einmal«, schlägt sie vor. Nein, das würde den Abschied nicht einfach noch hinauszögern – das ist eine hervorragende Idee! Denn so hätte unser Quartett (mit Jackx natürlich Quintett) einen gemeinsamen Schlusspunkt. Ich bin begeistert. Mit dieser Aussicht fällt die Trennung, die nun unweigerlich kommt, weniger schwer. Schließlich drücken wir uns noch einmal. Ich streichle Jackx. Dann heben wir beide die Hand und gehen in verschiedene Richtungen davon.

Ich habe meine Alpenüberquerung allein begonnen und nun bringe ich sie allein zu Ende. Meine Sinne sind geschärft. Ich nehme jeden Schritt so intensiv wahr: Die leichte Erschütterung, wenn meine Füße auf dem Asphalt aufkommen, das Knirschen der kleinen Kiesel, die wegspritzen, wenn ich meinen Fuß abrolle. Ich gehe. Sonst nichts. Dann bin ich am verabredeten Treffpunkt angekommen. Mein Mann sitzt wartend in einem Bushäuschen, ich sehe ihn schon von Weitem. Als er mich entdeckt, steht er auf und kommt auf mich zu, nimmt mich in den Arm und flüstert: »Schön, dass du da bist.«

Das finde ich auch.

Wir fahren nach Sterzing, wo wir in einem kleinen Hotel übernachten werden. Der verbleibende Nachmittag und der Abend vergehen wie im Flug. Es gibt viel zu erzählen. Ich nehme mir Zeit, um eine kleine körperliche Inventur zu machen: Meine Muskeln fühlen sich etwas verspannt an. Nichts, was eine heiße Dusche nicht lindern könnte. Ich habe keine Blase, nicht eine einzige! Ich kann immer noch problemlos in meine Wanderstiefel steigen – keine geschwollenen Füße oder wunden Stellen. Eine Welle von Dankbarkeit durchflutet mich. Nicht nur, weil ich offensichtlich völlig unversehrt über die Alpen gekommen bin, sondern vor allem dafür, *dass* ich hier ankommen durfte.

Zwischendurch lege ich meine Beine hoch und genieße die wohlige Erschöpfung, die sich breitmacht. »Ich habe es geschafft!«, schiebt sich immer wieder ganz unerwartet zwischen meine anderen Gedanken.

In der Nacht schlafe ich tief und fest und am nächsten Morgen wache ich erholt auf. Nach einem ausgiebigen Frühstück brechen wir am späten Vormittag auf in Richtung Zentrum. Wir lassen uns ein wenig durch die Fußgängerzone treiben. Ich bin nicht zum ersten Mal hier und dennoch entdecke ich diesmal mehr als die Male zuvor: Ich bewundere die historischen Fassaden der Häuser, zähle die Zinnen auf den Dächern, freue mich über die Blumenkästen, in denen üppige Geranien blühen und die Fensterbretter überdecken. Wir schlendern unter dem Zwölferturm, dem Wahrzeichen Sterzings, hindurch. Auf der anderen Seite öffnet sich ein großer Platz. Hier herrscht reges Markttreiben. Der Duft von Käse, Gebäck und Honig kitzelt mich in der Nase. Ich kann nicht widerstehen und kaufe an einem Stand Schüttelbrot – eine Art rundes Knäckebrot, das herrlich nach Kümmel, Anis und Koriander riecht.

Neben den Marktständen hat ein Café Stühle und Tische nach draußen gestellt. Wir nehmen Platz, bestellen Espresso und beobachten das bunte Treiben. Dann lehne ich mich zurück, schließe die Augen und halte mein Gesicht in die Sonne. Wäre nicht das geplante Treffen heute Mittag mit meinen Wanderbegleitern, würde sich alles hier wie ein ganz gewöhnlicher Kurzurlaub anfühlen: eben mal schnell nach Südtirol, um Bergluft zu schnuppern. Ich werfe einen Blick auf die Uhr: Gleich zwölf! Ich nicke meinem Mann zu, stehe auf und gehe in Richtung Turm. Dort blicke ich mich suchend um. Ein Mann rempelt mich an und entschuldigt sich knapp beim Weitergehen. Eine Frau zieht ein quengelndes Kind an mir vorbei. Menschen hasten mit vollen Einkaufstaschen durch den Bogen unter dem Turm. Plötzlich spüre ich etwas Feuchtes an meiner Hand. Ich blicke nach unten – und erkenne Jackx. Neben ihm steht Sandra und grinst. Kurz darauf kommen Ines und Lutz. Wir lachen. Umarmen uns. Blinzeln alle ein paar Tränen weg. Wir sind alle angekommen. Jetzt ist es rund.

MEHR GIPFELER-FAHRUNGEN

Bevor wir uns endgültig verabschieden, trinken wir noch etwas zusammen. Ines und Lutz werden anschließend eine Woche Urlaub in Südtirol machen. Sandra wird von Mann und Tochter abgeholt, und auch sie werden einige Tage bleiben. Irgendwann setzt sich eine fixe Idee in meinem Kopf fest. Als mein Mann Robert und ich schließlich aufbrechen, nehme ich ihn zur Seite. »Wollen wir vielleicht auch noch ein, zwei Tage bleiben?«, frage ich.

Damit renne ich bei ihm offene Türen ein. Und nicht nur das: Er hat einen Vorschlag, der mich sofort begeistert. Ich hatte ihm von den einzelnen Etappen der Alpenüberquerung erzählt. Und davon, dass der Weg als »einfache Variante« beschrieben wurde – was nicht heißt, dass es ein Spaziergang war und jemand, der keine Bergerfahrung hat, das machen sollte. Dennoch lag der höchste Punkt der gesamten Tour *nur* bei knapp 2300 Metern. An der magischen Dreitausendermarke wurde also nicht gekratzt.

»Wollen wir auf einen Dreitausender gehen?«, schlägt Robert vor. »Wenn du dir das nach der langen Wanderung noch zutraust«, fügt er an. Ich horche in meinen Körper hinein. Merke, dass sich eine angenehme, erwartungsvolle Spannung ausbreitet. Ich habe noch nie in meinem Leben einen Dreitausender bestiegen! Das wäre ein richtig schöner Abschluss meiner Alpenüberquerung. Und schon ist es beschlossene Sache.

Wir wechseln unser Quartier und kommen auf einem Bergbauernhof – einem Agriturismo – in Rodeneck südöstlich von Sterzing unter. Der Ahnerhof entpuppt sich als wunderbarer Ort: Der Bauernhof in Alleinlage hoch oben auf dem Berg wird von einer jungen Familie geführt. Die Bäuerin und Wirtin empfängt uns herzlich. Die Rezeption schließt an den Gastraum an, der das Moderne und das Traditionelle geschickt miteinander kombiniert. Eine große Fensterfront verbindet den Innenraum mit dem weitläufigen Hof draußen. Wir nehmen auf der gepflasterten Terrasse Platz, blicken ins Tal und planen unsere Dreitausendertour konkreter. Wir entscheiden uns für die Wilde Kreuzspitze. Der 3132 Meter hohe Berg ist der höchste Gipfel in den Pfunderer Bergen, die zur südlichen Gruppe der Zillertaler Alpen zählen. Der Gipfel ist also mehr als passend, denn die Zillertaler Alpen waren Teil meines zurückliegenden Weges. Der Berg ist nicht vergletschert, gilt als gut begehbar und ist nicht durch eine Seilbahn erschlossen. Eine Tour zum Gipfel und zurück wird rund acht Stunden in Anspruch nehmen. Wir werden etwa 1500 Höhenmeter überwinden müssen und knapp 18 Kilometer Weg vor uns haben. Die Tour gilt als schwierig, ist aber ohne Kletterpassagen oder Eishindernisse. Sie ist also nichts für Ungeübte ohne alpine Erfahrung. Gut, dass ich mittlerweile ausreichend davon gesammelt habe.

DIE DINGE NICHT ZU ERNST NEHMEN

Gespräch mit Gastwirtin und Bäuerin Simone Klammer

Am Abend nimmt sich die Hofchefin Simone Klammer Zeit, um ein wenig vom Ahnerhof und ihrer Familie zu erzählen. Wir nehmen im Gastraum an einem Ecktisch Platz. Alle übrigen Tische sind bereits liebevoll für das Frühstück am nächsten Morgen eingedeckt. Ich ziehe eines der grauen Filzkissen heran und setze mich. Die umlaufende Eckbank ist aus Altholz, und man kann das, was das Holz schon erlebt hat, anhand der Furchen und Dellen erfühlen. Die Tischplatte ist hingegen aus lackiertem, hellem Holz. Die Kombination aus Alt und Neu sorgt im ganzen Haus für eine heimelige und zugleich frische Atmosphäre. Alles ist geschmackvoll und zeugt davon, dass hier eine junge, moderne, aber dennoch bodenständige Familie am Werk ist. Simone Klammer und ihr Mann Armin übernehmen den Großteil der Arbeit in der Gastronomie und auch in der Landwirtschaft. Der Ahner Berghof ist ein echter Familienbetrieb. Und das merkt man. Jeder Gast wird individuell betreut, und man hat das Gefühl, mehr bei guten Freunden als in einem Hotel zu sein.

Simone Klammer setzt sich mir gegenüber und sieht entspannt aus. Das überrascht mich, denn es ist Abend, und ein langer, arbeitsreicher Tag liegt hinter ihr. Nein, falsch: Der Tag ist für sie noch gar nicht zu Ende. An der Theke sitzen noch Gäste. Die übernimmt gerade ihr Mann. Das tut er mit der gleichen Ruhe wie seine Frau. Die beiden sind seit 18 Jahren ein Paar und betreiben den Ahner Berghof in der Form, wie er heute ist, seit 2017. Damals war Simone Anfang 30 und hatte zwei Kinder. Der Nachzügler Paul ist heute erst zwei.

»Der Berghof selbst wurde schon seit Generationen von der Familie meines Mannes – von seinem Großvater und Urgroßvater – geführt«, beginnt Simone Klammer die Geschichte des Hofs zu erzählen. »Armins Mutter stammt von hier. Als Kind war mein Mann als ältester Enkel in den Sommerferien eigentlich ständig hier oben bei seinen Großeltern auf dem Hof. Für Armins Großvater war er ein wenig wie ein Sohn statt wie ein Enkel. Armin besuchte dann die Landwirtschaftsschule und hatte immer den Plan, hier auf dem Hof einzusteigen. 2002 ist sein Großvater bei einem Arbeitsunfall ums Leben gekommen. Der Traktor kam ins Rollen, der Großvater wollte aufspringen und ihn anhalten. Dabei ist er tödlich verunglückt. Damals war Armin 18 Jahre alt. Von da an hat er den Hof gemeinsam mit seiner Großmutter weitergeführt.«

Die Gastronomin hält kurz inne, dreht sich zur Theke und sieht sich nach ihrem Mann um. Ich habe die Vermutung, dass sie weniger nach ihm sieht, weil er gerade den Laden schmeißt, sondern mehr, um eine Verbindung zu ihm herzustellen, weil sie seine Geschichte erzählt. Dann fährt sie fort: »Wir beide haben uns 2003 kennengelernt. Ich bin auch gebürtig aus der Gegend. 2008 bin ich zu Armin auf den Berghof gezogen.«

Mich interessiert, ob Simone Klammer auch aus der Landwirtschaft kommt. Denn immerhin muss sie hier überall auf dem Hof mit anpacken, wo sie als Bäuerin gebraucht wird. Die Hofchefin schüttelt den Kopf. »Nein, mit Landwirtschaft hatte ich bis dahin nichts zu tun. Aber ich komme aus der Gastronomie. Meine Eltern haben ein Hotel. Ich bin also in einem Gastbetrieb aufgewachsen. Auch Armin ist mehr als nur ein Bauer. Er arbeitet im Winter als Skilehrer. Mittlerweile macht er das seltener, heute ist er nur noch Skitrainer für Kinder. Und das macht ihm große Freude.« Mehr sei aber heute nicht mehr möglich, denn Hof und Gäste würden viel Zeit in Anspruch nehmen, meint sie.

»Auch die Großmutter hat hier früher schon Gäste beherbergt. Da war jedoch alles viel kleiner. Oben gab es vier Zimmer und ein Etagenbad. Aber auch schon eine Wirtschaft. Also eine Jausenstation. Wenn die Leute früher im Wald beim Holzhacken waren – alles natürlich zu Fuß –, haben sie hier ihre Brotzeit gemacht und übernachtet. Aber nicht nur Einheimische. Die Großmutter hatte auch damals schon auswärtige Gäste. 2016 ist Armins Großmutter gestorben. Wir haben den Berghof danach übernommen. Alles hier war natürlich nicht mehr …« Meine Gesprächspartnerin sucht einen Moment nach dem richtigen Wort. »Nicht mehr zeitgemäß. Wir haben angefangen, an- und umzubauen. Ein Jahr später haben wir den Ahner Berghof, so wie er heute ist, eröffnet.«

»Sie wirken auf mich sehr zupackend«, stelle ich fest. »Wenn eine Aufgabe erledigt werden muss, dann fackeln Sie nicht lange, sondern gehen es an.«

»Ja, wir sind jung. Da geht das«, meint Simone Klammer. »Wir haben früh angefangen – mit der Hofübernahme und auch mit der Familiengründung. Aber wenn man einen Platz zum Leben hat und etwas, für das man verantwortlich ist, dann ergibt sich das von selbst. Das ist anders, als wenn man Zeit und Raum hat, in jungen Jahren feiern zu gehen. Das ist eine andere Art von Lebensplanung.«

Ich stelle mir vor, dass es gar nicht so einfach war, als junge Frau vom Tal auf den Berg und auf einen abgelegenen Bauernhof zu ziehen. Simone Klammer schmunzelt, als ich ihr meine Gedanken mitteile.

»Als ich hier hochgezogen bin, waren auch viele skeptisch und haben immer wieder nachgefragt, wie es mir geht. So ganz allein auf dem Berg.«

»Und, wie geht es Ihnen hier oben?«, greife ich den Faden auf.

»Ja, gut! Ich habe immer gesagt, hier ist einfach Ruhe. Das genieße ich schon. Und unsere Kinder auch. Sie können hier bedenkenlos laufen und spielen.«

Natürlich ist die Ruhe relativ. Wenn viele Gäste da sind, ist es alles andere als ruhig. Nur manchmal legt der Mantel der Stille sich über den Hof: »In der Corona-Zeit waren wir hier ganz allein. Da hätte man denken können, wir wären die Einzigen auf der Welt. Da kannte ich sogar das Fernsehprogramm. Zum Lesen und Fernsehen komme ich sonst nie«, sagt die Gastronomin und Bäuerin.

»Sie haben zwar Ruhe, aber immer viel zu tun. Und Sie sind dabei so gelassen«, sage ich.

Zu tun gibt es hier tatsächlich ständig etwas und mehr als genug. Das Herzstück des Hofes ist neben dem Beherbergungsangebot das Milchvieh, das die Familie hält, erzählt Simone Klammer. »Wir haben 30 Kühe. Die leben in einem Laufstall, wo sie sich frei bewegen können. Das ist besser für das Tierwohl. Dann haben wir noch ein paar Schweine. Für

Wurst und Speck. Viele unserer Produkte, die wir in der Küche für unsere Gäste verarbeiten, stammen von unserem Hof«, erklärt sie. »Und es gibt noch ein paar Streicheltiere. Ponys und Hasen.«

Während Simone Klammer spricht, sieht sie durch das Fenster nach draußen in die dunkle Umgebung, als wolle sie eine kleine gedankliche Inventur auf ihrem Hof machen. Ich folge ihrem Blick und sehe vermutlich dennoch nicht, was sie sieht. Was ich erahne, sind weniger die Hoftiere, sondern mehr die Bergwelt, die dort draußen bei Tag als atemberaubende Kulisse vor dem Fenster sichtbar ist.

»Wenn man die Berge jeden Tag vor Augen hat, nimmt man dann eigentlich die Schönheit noch wahr?«, will ich wissen.

Die Ahnerhof-Bäuerin zuckt lächelnd mit den Schultern. »Nein, irgendwann nicht mehr. Aber wenn es doch mal ruhig ist, wenn keine Gäste da sind oder am Abend, dann nehme ich mir manchmal Zeit, um zuzusehen, wie die Sonne hinter den Bergen untergeht. Oder ich schaue zwischendurch auf die Berge. Die sehen – je nach Wetter – jeden Tag anders aus. Das ist schon faszinierend. Ich bin aber keine Wetterkundige, die an den Bergen ablesen kann, wie es wird. Das konnte Armins Großmutter. Die hat immer gesagt: ›Wenn die Rehe aufwärts springen, dann wird das Wetter schön.‹ Und sie hatte immer recht. Um das zu können, müsste ich mir mehr Zeit dafür nehmen.«

»Zeit ist bei Ihnen wirklich Mangelware. Was machen Sie denn, wenn Sie mal für sich sein wollen?«, frage ich.

»Es gibt schon ruhigere Zeiten. Wir haben seit einiger Zeit einen Melkroboter. Das erleichtert die Arbeit im Stall. In der Gastronomie ist jetzt gerade Hochsaison. Da ist wirklich kaum Zeit. So hektisch ist es nicht immer. Im November ist weniger los. Und von Mitte Januar bis Mitte Februar haben wir geschlossen. Da fahren wir dann auch manchmal übers Wochenende weg. Nicht weit, weil das Wetter in dieser Zeit oft nicht gut ist. Wir machen meist Urlaub in Österreich und nehmen uns dann Zeit für die Kinder oder auch zu zweit. Nicht so oft wie andere. Aber dafür ganz bewusst. Und hin und wieder nehmen wir uns auch einen Tag, wo wir einfach mal abhauen. Eine Cousine von mir, die selbst als Teilzeitkraft im Service arbeitet, springt dann ein. Das ist wichtig, damit wir wieder auftanken können.«

Wie auf Kommando kommt ihr jüngster Sohn Paul angelaufen. Er hat einen Kinderhammer in der Hand, klopft auf den Tisch und erzählt, was er gerade repariert. Nachdem seine Mutter das angemessen gewürdigt hat, ist er schon wieder verschwunden.

»Paul ist am liebsten mit Armin draußen. Dort darf er mit zum Traktorfahren. Oder er hilft beim Reparieren«, meint Simone Klammer. Ihre älteste Tochter und ihr mittlerer Sohn seien richtig gute Skifahrer, erzählt sie weiter von den Talenten ihrer Kinder. »Wenn man in den Bergen groß wird, muss man irgendwie einfach Ski fahren. Und dann ist auch noch der Papa Skilehrer. Der ist schon richtig stolz auf seine Kinder«, meint die Bäuerin und Gastronomin. Im Hintergrund hört man leises Gehämmer. Paul repariert wohl gerade die Theke.

»Sie wirken auf mich so zufrieden«, sage ich und warte gespannt auf die Reaktion. Sie sagt, ohne zu zögern und mit großer Überzeugung: »Ja! Ich mache das, was ich tue, gern. Ich finde, alles, was man tut, muss man gerne tun. Sonst sollte man es gar nicht anfangen. Genau so«, Simone Klammer beschreibt mit ihrer Hand einen Bogen im Gastraum, »in dieser Größe und mit nicht zu vielen Gästen. So ist es richtig für uns. Wir haben zehn Zimmer. Das reicht. Wir wollen auch nicht mehr. Und ich mag die Abwechslung. Je nach Jahreszeit kommen andere Gäste zu uns. Im Sommer mehr Familien mit Kindern. Im Herbst dann die Paare, die wandern wollen.«

Jetzt bin ich neugierig. »Passiert es Ihnen denn, dass Sie mal etwas aus der Ruhe bringt?«

»Ja, natürlich!«, gibt Simone Klammer zu. »Das kommt schon vor. Aber nicht so oft.«

»Sie sind eine richtig gute Gastgeberin. Ich kann mir aber vorstellen, dass das nicht immer einfach ist. Wenn mal schwierige Gäste da sind …«, setze ich an.

»… dann gehen die auch wieder«, sagt die Bäuerin und lacht amüsiert. Ich lache mit. Diese pragmatische und optimistische Herangehensweise finde ich sehr sympathisch. Und ich nehme mir fest vor, das nächste Mal zu versuchen, Herausforderungen mit mehr Humor zu nehmen. Gleichzeitig bin ich fasziniert, wie gut sie mit der Dauerbelastung umgehen kann, der sie jeden Tag ausgesetzt ist.

»Gesunder Stress ist doch etwas Gutes«, sagt sie dann auch prompt. Dabei wirkt die Gastronomin nicht hart und unnahbar, sondern weich und strahlend.

Schließlich möchte ich noch wissen, ob Simone Klammer einen Wunsch hat – für sich, für die Gesellschaft oder für die Zukunft.

»Dass alle erkennen, dass ein bisschen weniger auch genug ist. Alles muss immer größer werden. Alles ist hektisch und muss schnell gehen. Da helfen dann auch die Berge nicht mehr, um runterzukommen. Das ist schade. Muss es wirklich immer mehr und mehr sein?«

Weise Worte, finde ich.

EIN LETZTES MAL GANZ NACH OBEN

Am nächsten Morgen sehe ich aus dem Fenster. Die Morgensonne strahlt verheißungsvoll und verspricht einen schönen, trockenen Tag – perfekt für unsere Tour. Wir frühstücken früh und brechen auf, bevor die anderen Gäste zum Buffet kommen. Die Wanderung zur Wilden Kreuzspitze wollen wir bei der Fane Alm beginnen. Die Straße bis zum Parkplatz etwas unterhalb des Almdorfs darf nur bis neun Uhr und dann erst wieder am späten Nachmittag befahren werden. Um halb neun stellen wir unser Auto ab, schnüren unsere Wanderstiefel und gehen los. Erst führt der Weg uns auf einer Asphaltstraße bergauf, die kurz darauf eine scharfe Rechtskurve macht. Vor uns tauchen etliche kleine Holzhäuschen auf, die verstreut am Ende des Valler Tals wie aus der Zeit gefallen wirken.

Wir kommen näher und staunen: Jedes der Häuser ist mit Holzschindeln gedeckt. Die Gebäude liegen größtenteils noch im Schatten, sind niedrig und sehen aus, als würden sie sich vor den Bergen in ihrem Rücken ducken. Die kleine Kapelle, die wir nun passieren, markiert den Dorfbeginn. Ich habe den Eindruck, durch ein Freilichtmuseum zu schlendern, und weiß, dass das täuscht: Die Häuser des Almdorfs sind alle bewohnt oder bewirtschaftet. Ein Mann betritt das Häuschen rechts von mir mit einem Getränkekasten in der Hand. Er muss den Kopf einziehen, damit er unter dem tiefen Türsturz hindurchpasst. Das Eisfähnchen am nächsten Haus, das bunt und flatternd zum Naschen einlädt, wirkt wie ein Navigationsgerät an einer Pferdekutsche: Es passt einfach nicht zusammen. Beinahe erwarte ich, dass jeden Augenblick Menschen, die gekleidet sind wie die Figuren aus alten Schwarz-Weiß-Filmen, mit Melkschemel oder Butterfass vorbeikommen. Stattdessen sehe ich Bedienungen, die sich ihre Schürze binden oder ihr Wechselgeld zählen, Wirtinnen, die Tische vor den Häusern zurechtrücken, und einige Besucher und Besucherinnen, die in Funktionskleidung durch das Almdorf spazieren.

Wir lassen die Siedlung schließlich hinter uns und wandern auf einem breiten Fahrweg, Valler Schramme genannt, bergauf. Rechts von uns schlängelt sich tief unten der Valser Bach, der mit der Gewalt des Wassers einen Weg in die Berglandschaft geschnitten hat. Links ragen schroffe Felswände auf, an denen Wasser herunterläuft, was dem Granit einen feuchten Glanz verleiht. Schließlich überqueren wir den Bach über einen Holzbalken, der sich hier Brücke nennen darf. Jetzt geht es über welliges wiesengrünes Almgelände weiter moderat bergauf. Wir haben einen guten Tritt gefunden, gehen gleichmäßig, beinahe meditativ. Vor uns taucht kurz die Brixener Hütte auf, ein willkommenes Plätzchen zum Pausieren. Bei der nächsten Biegung verschwindet sie wieder hinter dem Berg.

Abrupt werden wir aus unserem Rhythmus geworfen: Es geht steil bergauf. Etwas außer Puste erreichen wir keine Viertelstunde später die Hütte und entschließen uns, die Pauseneinladung anzunehmen. Wir bestellen Holunderschorle und rasten auf einer der Bänke vor der Hütte. Nach einer halben Stunde fühlen wir uns erholt und wieder voller Tatendrang. Wir brechen auf in Richtung Rautaljoch. Hinter der Brixener Hütte führt ein schmaler Wanderweg bergauf. Es geht über Stock und Stein. Auf den umliegenden Hügeln tummeln sich pfeifende Murmeltiere. Ich freue mich über den leuchtend blauen Enzian, der in kleinen Blütenbüscheln am Wegrand wächst.

Erst können wir immer wieder einen Blick zurückwerfen und das durchwanderte Tal bewundern. Doch nicht nur hinter uns, sondern auch vor uns gibt es einiges zu sehen: schneebedeckte Höhenzüge tauchen auf. Und einen davon kenne ich – von der anderen Seite: den Hochfeiler. Der Anblick wirkt auf mich wie ein Lesezeichen, das mir die Seite meiner Alpenüberquerung vormerkt. Vorgestern noch war ich auf der einen, heute auf der anderen Seite des Alpenhauptkamms. Gut gelaunt und ein wenig beeindruckt gehe ich weiter.

Bald führt der Weg scharf nach links und schiebt einen Berg zwischen uns und die Aussicht. Jetzt liegt vor uns ein ausgedehntes Geröllfeld, das es zu überqueren gilt. Als das geschafft ist, wird der Weg sehr steil. Es geht hoch zum Rauhtaljoch. Unter unseren Füßen rutschen bei jedem Schritt Granitbrocken weg. Das Geröll ist lose, was uns volle Konzentration auf jeden Schritt abverlangt. Wir schieben uns langsam nach oben, bis plötzlich links von uns ein ausgedehntes Schneefeld auftaucht. Wir erkennen aus der Ferne, dass einige Wanderer den Weg durch den Schnee gewählt haben. Kurz überlegen wir, bleiben aber dann auf dem rutschigen Geröllhang und kämpfen uns dort weiter. Direkt unter dem Rauhtaljoch müssen dann auch wir ein kleines Stück über eine harsche Schneedecke aufsteigen. Kurz und knackig – dann stehen wir endlich auf dem Rauhtaljoch, der kleinen, auf etwas über

2800 Metern gelegenen Hochebene unter der Wilden Kreuzspitze. Hier machen wir eine Trinkpause und essen etwas Obst, um Kraft für den letzten und beschwerlichsten Teil unserer Tour zu sammeln.

Dann packen wir es an: Wir halten uns rechts, gehen um einen Gratausläufer herum und weiter aufwärts. Es ist mühsam, den steilen Aufstieg zu bewältigen. Alle hundert Meter muss ich stehen bleiben und kurz verschnaufen. Bei einer dieser Atempausen wandert mein Blick nach rechts – und ich halte kurz die Luft an. Zu unseren Füßen liegt der Wilde See. Wie eine türkisgrüne Glasscherbe funkelt er in einem Kessel aus schroffen, felsigen Bergen. Ein geradezu magischer Anblick! Es fühlt sich an, als hätte mir jemand einen geheimen Schatz gezeigt – einen, der nur für mich bestimmt ist. Diese Impression gibt mir wieder Energie, lässt mich wie von selbst die nächsten Schritte setzen. Schließlich erreichen wir die letzte Anhöhe kurz unter dem Gipfel. Einen Moment gaukelt ein flaches Wegstück Entspannung vor, dann zwingen die letzten Höhenmeter mich, noch einmal die Zähne zusammenzubeißen. Als Belohnung winkt das Gipfelkreuz schon über mir. Und dann haben wir den Aufstieg geschafft! Wir stehen auf der Wilden Kreuzspitze! Es kommt mir unwirklich vor: Ich habe aus eigener Kraft einen Dreitausender bestiegen. Eine Herausforderung, die ich mir nach der geschafften Alpenüberquerung viel eher zugetraut habe, als ich vor Kurzem noch gedacht hätte. Die Inschrift des metallenen Kreuzes lässt keinen Zweifel: Wir stehen auf 3132 Metern.

»Shalom, grandios, excited, glücklich«, lese ich unter der Höhenangabe. Hier oben ist es empfindlich kalt, gerade einmal drei Grad. Unten im Tal ist vermutlich ein warmer Sommertag. Ich hole eine zweite Jacke aus meinem Rucksack und ziehe sie über die dünne Wanderjacke. Dann stelle ich mich unter das Kreuz und drehe mich einmal im Kreis. Die Aussicht von hier oben übertrifft alles, was ich jemals von einem Gipfel aus gesehen habe. Rundherum sind so viele bekannte Berge zu sehen, als wären sie auf einer Kette aufgefädelt: Die Ötztaler, die Stubaier und die Zillertaler Alpen, Wildspitze, Zugspitze, Weißzint, Großvenediger und Großglockner ragen um mich herum in die Höhe. Ich sauge das Panorama förmlich auf, möchte es auf ewig abspeichern, will es auf Vorrat einsammeln. Bestimmt zwanzig Minuten lang bin ich damit beschäftigt, bis ich mich dann doch irgendwann losreißen kann. Ich lege eine Hand auf das kühle Metall des Gipfelkreuzes und streiche andächtig darüber.

Seitlich am Kreuz – beinahe versteckt – entdecke ich einen Schuber, den ich herausziehe. Darin befindet sich das Gipfelbuch. Es ist das erste Mal, dass ich das Bedürfnis habe, auf einem Gipfel etwas von mir zu hinterlassen. So verewige ich mich also hier oben auf der Wilden Kreuzspitze, meinem ersten Dreitausender, dem selbst gewählten *Höhe-Punkt* meiner Alpenüberquerung.

Nach der ausgiebigen Rast am Gipfel treten wir den Rückweg an – in dem Wissen, dass rund 1500 Höhenmeter Abstieg kaum weniger anstrengend als der Aufstieg sein werden. Das steile Stück bis hinunter zum Rauhtaljoch gehen wir mit großer Vorsicht. Von dort aus wählen wir einen anderen Weg zur Fane Alm: Wir wollen am Ufer des Wilden Sees entlanggehen. Schnell lassen wir das schroffe, felsige Gelände hinter uns und wandern über einen abfallenden Wiesenweg in Richtung Wasser. Auf der Ostseite umrunden wir den wundervollen Bergsee, gehen dann eine Steilflanke nach unten, bei der eine Seilsicherung den Abstieg erleichtert. Nun führt der Weg immer wieder ein wenig bergauf, aber meistens bergab –

erst noch auf einem kleineren Pfad, der irgendwann in einem breiten Forstweg mündet. Dieser bringt uns geradewegs zur Labeseben Alm, wo wir uns wieder eine Pause gönnen. Hier kann ich meine dicke Jacke, deren Ärmel ich schon kurz hinter dem See aufgekrempelt hatte, endlich ausziehen und wieder in meinem Rucksack verstauen. Wir haben einen Platz in der Sonne gefunden und genießen das Sitzen. Am Nebentisch rastet eine Wandergruppe, die wir auf dem Weg zum Gipfel bereits gesehen haben. Wortfetzen ihres Gesprächs wabern zu mir herüber. Ich höre »Kondition«, »Ausdauer« und »erfahrene Bergwanderer«. Die Worte fallen in mich hinein und finden Resonanz: Ja, ich fühle mich mittlerweile erfahren in Sachen Berg. Zumindest in Bezug auf Hochtouren, bei denen außer Wanderschuhen kein weiteres Equipment notwendig ist. Ich merke, dass ich stolz auf mich bin. Und ich stelle fest, dass ich mir das erlaube!

Nach der Pause geht es einfach und zügig bergab. Bald schon sehen wir die Hütten der Fane Alm in der Abendsonne vor uns. Das Bild ist herrlich – ein wahres Postkartenmotiv und bestens geeignet als Schlussakkord meiner Bergzeit. Morgen geht es nach Hause – mit kleinen Umwegen. Ich freue mich darauf.

NACH DER ALPENÜBERQUERUNG

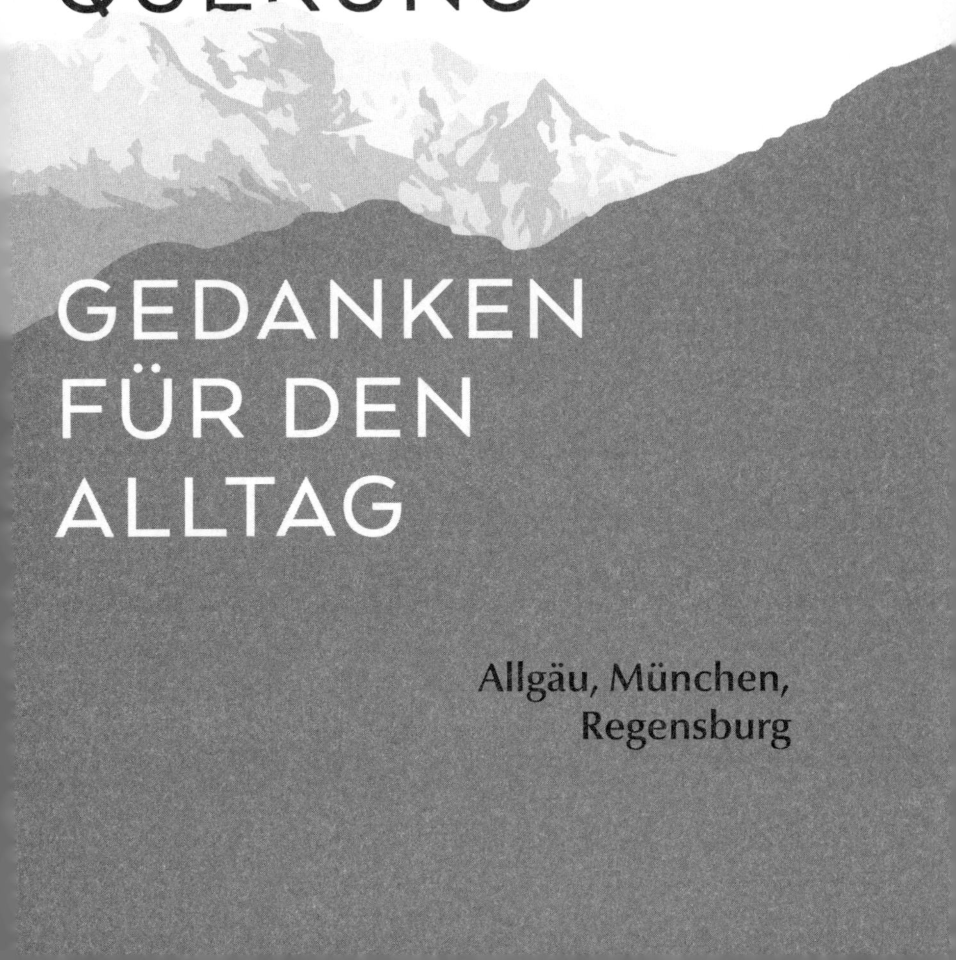

GEDANKEN FÜR DEN ALLTAG

Allgäu, München, Regensburg

IN DEN BERGEN DEMUT LERNEN

Gespräch mit Podcasterin und Bergbloggerin Erika Dürr

Anstatt auf direktem Weg nach Hause zurückzukehren, mache ich erst noch einen Umweg ins Allgäu und bin froh, dass ich meine »Bergzeit« nicht direkt beendet habe, sondern sanft ausklingen lassen kann. Einer der Podcasts, der mich in der Vorbereitung auf meine Alpenüberquerung begleitet hat, heißt *Ulligunde (p)lauscht*. Darin interviewt Erika Dürr alias Ulligunde Menschen, die »Berge im Kopf haben«. Aufgewachsen ist sie am Wasser, genauer gesagt am Bodensee. Heute lebt sie in Immenstadt – mit den Bergen vor der Haustür. Dort treffen wir uns.

»Du bist für mich der Inbegriff einer Bergfrau«, sage ich und freue mich sehr, dass Erika Zeit für das Treffen gefunden hat.

Erika lacht und schüttelt den Kopf. »So sehe ich das gar nicht. In meinem Kopf sind Bergmenschen eher jene, die fünf, sechs Tage die Woche oder mehrmals am Tag in die Berge gehen. Das ist bei mir nicht so. Ich bin gerne draußen. Schon auch in den Bergen, aber nicht nur. Und ich bin keine perfekte Bergsportlerin. Ich kann was, aber es gibt viele, die sind wesentlich besser. Ich lege mich beispielsweise nach 800 Höhenmetern schon auch gerne einfach mal auf die Couch.«

Wer nun ein Bergmensch ist, ist wohl eine Frage der persönlichen Definition. Mich jedenfalls begeistert Erikas Zugang zu dem Thema und ihre Bereitschaft, sich immer wieder auf Neues im alpinen Raum einzulassen.

»Wie bist du eigentlich zu deiner Leidenschaft gekommen? Wurdest du schon als Kind auf Gipfel geschleppt und so quasi mit dem *Bergvirus* infiziert? Oder hat sich das erst später entwickelt?«, will ich von ihr wissen.

Erika muss nicht lange überlegen. »Meine Eltern haben mich als Kind schon hin und wieder mit in die Berge genommen. Aber eigentlich waren sie Segler. Außerdem hatte mein Vater Höhenangst. Und das hat sich auf mich übertragen. Aber selbst wenn ich mich manchmal gefürchtet habe, fand ich Berge gut. Außer als Teenager. Da fand ich Berge ziemlich uncool.

Als es dann aber um einen Studienplatz ging, habe ich komischerweise sofort gewusst, dass es ein Ort nahe an den Bergen sein sollte. Deshalb bin ich nach Kempten im Allgäu gezogen. Dort habe ich wieder angefangen zu wandern. Ich habe mir einen Wanderführer für die Gegend gekauft und erst einmal mit den ganz einfachen, den blauen Touren begonnen. Vor den schweren, also den schwarzen Touren, hatte ich einen Heidenrespekt. Es hat richtig lange gedauert, bis ich mir eine solche Tour zutraute. Ich hatte echt Höhenangst. Habe ich übrigens heute noch. Jedenfalls fürchtete ich mich vor ausgesetzten Stellen. Ganz langsam wagte ich mich an die schwierigen Touren heran. Heute sind Passagen, die zum Beispiel stahlseilgesichert sind, kein Problem. Klar schaffe ich die. Aber damals war es ein Abenteuer für mich.

Ich habe dann irgendwann das Klettern für mich entdeckt. Das hatte ich als Kind in der Halle angefangen, aber wieder sein lassen. Im Allgäu begann ich mit dem Alpinklettern. Ich hatte immer schon eine Megafaszination für Leute, die im Vorstieg in kombiniertem Gelände – also in Fels und Eis – unterwegs sind. Gleichzeitig war ich davon überzeugt, dass ich das nicht kann. Weil ich Angst hatte.«

Erika hält kurz inne. »Ich habe irgendwann mal ein Bild von einer Frau gesehen, die in genau diesem Gelände – in Fels und Eis – im Vorstieg unterwegs war. Ich dachte mir: ›Das würde ich auch gerne.‹ Und gleichzeitig: ›Das kann ich aber nicht.‹ Einige Jahre später hing an unserer Wand zu Hause ein Foto von mir, dort, wo alle unsere Bergfotos hängen. Und darauf war ich, die genauso klettert wie die Frau auf dem Bild.«

Obwohl für Erika ihre Angst immer noch ein Thema ist, probiert sie Neues aus, traut sich nach und nach mehr zu.

»Es ist einfach spannend, seine Grenzen zu suchen, sie zu spüren und gleichzeitig zu erleben, was man kann, was man nicht kann – oder was man kann, wenn es sein muss. Ich glaube, das habe ich für mich ziemlich gut rausgefunden. Trotzdem habe ich zwischendurch mit dem Klettern aufgehört, denn es ist mühsam, ständig die Angst, das Kopfkino mit im Gepäck zu haben.«

In Kempten studierte Erika Tourismus-Management. Das passte ganz wunderbar zu ihrer Begeisterung fürs Reisen. Schließlich begann sie 2010, einen Reiseblog zu schreiben, eigentlich, um Familie und Freunde über ihre Touren auf dem Laufenden zu halten. Was klein anfing, bekam eine immer größere Reichweite. Seit 2016 betreibt sie den Blog *ulligunde.com* hauptberuflich, fotografiert und schreibt über Bergsteigen, Skitouren, Eisklettern oder Fernweh. Nach und nach hat Erika sich die Berge auf immer neue Weise erschlossen: vom Bergwandern zum Klettern bis hin zum Gleitschirmfliegen und Bikepacking.

»Ich glaube, ich hatte die meisten meiner Geschichten irgendwann erzählt. Deshalb habe ich 2019 mit meinem Podcast begonnen. Dort lasse ich andere zu Wort kommen«, beschreibt Erika die Überlegung, die vom Blog zum Podcast geführt haben. Die Berge sind bei allen ihren Projekten ihr Begleiter.

»Was bedeuten die Berge für dich?«, will ich wissen.

»Gute Frage. Da muss ich erst mal nachdenken«, meint Erika und fährt sich mit einer Hand durch die Haare. »Berge sind einfach da. Berge sind mächtig. Sie lehren uns Demut. Sie sind unfassbar schön. Und man muss Respekt haben, wenn man in den Bergen unterwegs ist. Egal, was passiert: Die Berge sind nicht böse. Sie tragen keine Verantwortung, sind niemals schuld an etwas«, meint Erika schließlich.

Die Berge sind nicht schuld. Dennoch kann ein Berg zum Schicksalsort werden. Genau das ist Erika im Sommer 2020 passiert. Sie war mit ihrer langjährigen Freundin und Bergpartnerin Lena in Grindelwald in der Schweiz hoch zum knapp über 4000 Meter hohen Schreckhorn unterwegs. Beide teilten die Leidenschaft, Aufstiege bei Sonnenaufgang zu unternehmen. Beide wussten, wo ihre Stärken und auch Grenzen liegen und was sie sich in den Bergen zutrauen können. Die Tour hoch zum Schreckhorn ist anspruchsvoll – aber sie waren erfahren und geübt. Sie wussten, was auf sie zukommt und dass sie das klettertechnisch draufhaben.

Der Tag begann früh. Schon um zwei Uhr morgens starteten die beiden von der Schreckhornhütte aus mit dem Gipfelaufstieg. Gut 1500 Höhenmeter lagen vor ihnen. Es war ein schöner Tag, sie hatten Spaß. Dann passierte etwas, mit dem sie zwar rechnen mussten, das sie aber nicht beeinflussen konnten: Ein Stein löste sich und traf Lena mit voller Wucht direkt auf der Brust. Lena stürzte ab. Ohne einen Laut. Sie war einfach weg. Erika rief die Bergrettung, die eine halbe Stunde später mit dem Hubschrauber kam. Doch für Lena war es zu spät. Man brachte Erika mit dem Helikopter zur nächsten Berghütte. Dann wurde Lena geborgen. Zusammen wurden sie ins Tal geflogen.

Mit einem Schlag war alles anders. Auch wenn der Tag der gleiche war wie noch wenige Stunden zuvor. Erika funktionierte. Wie ferngesteuert fuhr sie nach Hause. Sie informierte Lenas Partner über den Unfall. Dann telefonierte sie mit ihrem Mann. Das Erste, was er sagte, nachdem er hörte, was passiert war: »Du bist nicht schuld!«

Es gibt Ereignisse, für die würde man gerne jemandem die Schuld geben. Vielleicht, um sie besser aushalten zu können. Aber manche Dinge passieren, ohne dass jemand etwas dafür kann. Erika weiß, dass sie keine Schuld an Lenas Tod hat. Dennoch war sie in den folgenden Wochen wie ausgeschaltet.

»Mich hat das komplett ausgeknockt. Ich konnte nichts machen. Ich habe kaum gearbeitet. War nicht mehr auf Instagram unterwegs. Ich konnte einfach keine Bilder anschauen oder Menschen um mich herum ertragen. Ich hatte das Gefühl, die Welt dreht sich für alle anderen weiter, nur für mich steht sie still«, erzählt Erika. Wochenlang vergräbt sie sich. Trauert. Kann das Erlebte nicht so einfach abschütteln.

»Freunde haben mir geraten, ich solle mir professionelle Hilfe suchen. Aber du findest nicht so leicht jemanden, der passt. Es ist ja auch schräg, weil du nicht einfach ›Psychotherapeut, Bergunfall‹ googeln kannst. Da bekommst du keine Ergebnisse. Viele haben zudem versucht, mich mit Worten zu trösten. Das meiste davon ist nicht hängen geblieben. Nur ein Satz, der hat mich beeindruckt: ›Wenn so ein guter Mensch wie die Lena geht, dann wird ihre Seele woanders gebraucht.‹ Ich glaube, das ist wahr«, meint Erika.

Ich bin berührt – und ich habe erst einmal keine Worte.

»Wie schafft man es, nach einem solchen Erlebnis wieder zurück ins Leben zu finden?«, frage ich nach einer Weile.

Erika atmet tief ein. Nimmt sich einen Moment. Zieht den Reißverschluss ihrer Funktionsjacke hoch. Dann antwortet sie. »Ich hatte keinen Kompass mehr. Ich wusste nicht, wo ich hinwollte. In den Wochen nach Lenas Tod bin ich einmal klettern gegangen. Da hatte ich das Gefühl, ich muss meine Angst überwinden, muss wieder auf den Berg. Aber das war nicht gut. Was mir geholfen hat, war das Gleitschirmfliegen. Ich habe gemerkt, dass ich irgendwie ein gutes Gefühl brauche. Ein Erlebnis, das mich rausholt aus meinem Loch. Ich wollte immer schon einmal mit dem Gleitschirm über die Dolomiten fliegen. Also habe ich ein Seminar gebucht – zwei Wochen hintereinander. In der ersten Woche war das Wetter nicht gut. Aber in der zweiten Woche konnte ich starten. In den Dolomiten war ich auch schon mit Lena unterwegs. Das war emotional hart. Aber da war andererseits diese krasse Freude zu fliegen, wovon ich schon so lange geträumt hatte. Ich habe gelacht und ich hatte Tränen in den Augen. Während des ganzen Flugs. Als ich gelandet bin, hatte ich das Gefühl, jetzt hat sich alles irgendwie ausbalanciert.«

»Dann hatte der Flug eine therapeutische Wirkung für dich«, stelle ich fest.

Erika nickt. »Der Seminarleiter meinte, dass Gleitschirmfliegen auch im übertragenen Sinne hilft, sich zu zentrieren.

Du musst ja die Thermik nutzen. Und dabei deinen Körper ausrichten. Und so zentrierst du dich auch mental.«

Heute hat Erika ihr Lachen wiedergefunden.

»Denkst du häufig an Lena? Hast du sie bei deinen Touren gedanklich mit dabei?«, frage ich.

»Total oft« antwortet Erika, ohne zu zögern. »Also nicht jeden Tag. Aber eigentlich immer, wenn ich in den Bergen unterwegs bin. Ich denke mir dann, dass es Lena hier gefallen würde. Oder dass diese Tour genau das Richtige für Lena und mich wäre.«

Erika macht eine kleine Pause, als wollte sie den Gedanken, der sie gerade gestreift hat, greifen. »Im Rückblick erkenne ich, dass alles im Leben einen Sinn hat«, fährt sie schließlich fort. »Das hört sich echt komisch an, aber ich bin sicher, dass auch in dem Bergunfall irgendein Sinn steckt. Und ich merke, dass ich sehr dankbar bin. Dafür, was ich alles gemeinsam mit Lena erleben durfte. Für unsere gemeinsame Liebe zum Sonnenaufgang. Aber auch dankbar dafür, was ich nach Lenas Tod über mich lernen durfte. Welche Erfahrungen ich machen durfte.«

Für mich klingt das nicht komisch. Eher ehrlich und echt. Und zugleich bitter und süß. Ich habe den Eindruck, Erika hat einen guten Blick auf ihr Leben, ihr Umfeld. Und auch die Berge hat sie sich zurückerobert. Nur auf das Schreckhorn ist sie nicht wieder gestiegen. »Das würde sich falsch anfühlen. Mit wem soll ich denn dort hochsteigen? Das war unser Aufstieg, Lenas und meiner«, sagt Erika.

Dafür hat sie andere Pläne. »Gerade bin ich sehr gerne mit dem Rad unterwegs. Ich möchte in den Norden von Schottland auf die Äußeren Hebriden. Das stand immer schon auf meiner Bucketlist. Ich stelle mir das krass vor: Wind, Regen, Berge. Mit meinem Mann habe ich zudem wieder angefangen zu klettern.«

Erika ergänzt: »Das tut einer Beziehung echt gut. Das ist wie

Paartherapie am Fels. Weil es wichtig ist, wie man miteinander umgeht. Dabei muss die Tour nicht zwangsläufig schön sein. Es genügt schon, dass wir zusammen draußen unterwegs sind. Das ist unser Gemeinsames. Anderen reicht es, wenn sie am Wochenende zusammen einkaufen gehen. Das ist nicht besser oder schlechter. Aber wir verbringen eben sehr gerne Zeit zusammen beim Klettern oder Gleitschirmfliegen. Gerade das Fliegen mag ich momentan sehr gern. Dabei habe ich gar nicht den viel beschriebenen Traum vom Fliegen. Es geht mir auch nicht unbedingt um die Aussicht von so weit oben. So eine Aussicht hast du ebenfalls, wenn du klettern gehst und oben ankommst. Es ist mehr das Neue. Das, was ich gemeinsam und eigentlich mehr durch Zufall mit meinem Mann begonnen habe. Wir haben beide bei null angefangen und so war keiner von uns stärker oder schwächer.«

Erika hat noch mehr Neues in Aussicht: »Was ich ebenfalls gerade spannend finde: Ich habe eine Frau kennengelernt, die mit Hypnose arbeitet – bei Menschen, die in den Bergen unterwegs sind. Da hatte ich bisher eine Sitzung. Zwischenzeitlich war ich einmal klettern und habe gemerkt, dass sich etwas verändert hat. Früher habe ich mir immer gedacht: ›Das ist echt schwer. Und der Fuß steht nicht richtig. Außerdem ist der nächste Griff viel zu weit oben.‹ Diesmal habe ich mich darauf konzentriert, was funktioniert und was jetzt kommt, anstatt darauf, was schwierig werden könnte. Da möchte ich weiter dranbleiben. Ich glaube, Hypnose könnte auch helfen, dass ich beim Gleitschirmfliegen mehr in meiner Mitte sein kann. Das würde ich gerne ausprobieren. Ich habe da so ein Bild im Kopf … So ein Bild von einem völlig ruhigen, schönen Start und von Freude in der Luft. Es muss gar kein langer, weiter, perfekter Flug sein, ich möchte einfach die Leichtigkeit spüren – echte Freude. Und Ruhe in mir. Dann ist es egal, wie weit oder lang der Flug war. Mir geht es um die Freude. Nicht um die Leistung.«

Nicht perfekt, aber schön. Das ist es wohl, was man sich auch für sein Leben wünschen sollte. Diesen Gedanken finde ich leise und gleichzeitig großartig. Erika und ich plauschen noch ein wenig, so wie sie es auch in ihrem gleichnamigen Podcast macht. Dann verabschiede ich mich, denn ich muss los und einen weiteren kleinen Umweg machen, ehe es endgültig nach Hause geht.

ES HILFT, DIE PERSPEKTIVE ZU VERÄNDERN

Gespräch mit Werner Schmidbauer, *Gipfeltreffen*-Moderator

Ich entferne mich noch ein Stück mehr von den Bergen und fahre nach München, um dort einen ganz besonderen Menschen zu treffen: Werner Schmidbauer. Viele kennen den sympathischen Mann Anfang 60 aus seinen Fernsehsendungen oder als Musiker und Liedermacher. Er ist einer der wenigen, die es geschafft haben, die bereits in den frühen Erwachsenenjahren erlangte Popularität im Lauf der Jahre noch zu steigern. In den 1980ern war er einer der Moderatoren der beliebten Sendung »Live aus dem Alabama«. Er ist ein echtes Idol meiner Jugend. Gleichzeitig bin ich ein großer Fan von *Gipfeltreffen*, einer besonderen Talkshow, bei der Werner Schmidbauer mit unterschiedlichen Gästen eine Bergwanderung unternimmt.

Wir haben uns für den frühen Nachmittag verabredet und wollen gemeinsam durch den Englischen Garten gehen. Fast eineinhalb Stunden sind wir schließlich unterwegs bei strahlendem Sonnenschein. Eigentlich bestes Bergwetter, denke ich mir. Und meine Gedanken schweifen zu den Gipfeln, die ich in den vergangenen Tagen erklommen habe.

»Jetzt gehen wir zusammen – zwar nicht auf einen Berg …«, beginne ich.

Werner lässt seinen Blick schweifen. »Hier im Englischen Garten ist es doch auch wunderschön!«, meint er, und man merkt, dass er »sein« München mag, auch wenn er schon lange nicht mehr hier in der Großstadt, sondern näher an den Bergen lebt.

»Ich bin in München aufgewachsen«, erklärt er. »Im Westend. Dort bin ich auch geboren. Als unfreiwillige Hausgeburt. Im Westend bin ich noch immer gerne. Meine Tochter wohnt heute wieder dort und ich bin oft bei ihr in der WG. Mit der Gegend verbinde ich viele Erinnerungen. Mein Opa war Trambahner. Damals war in Laim-Westend das Hauptdepot der Trambahn. Und mein Vater hat im Westend, in der Schwanthaler Höhe, Werkzeugmacher gelernt.«

Werner hängt einen Augenblick seinen Gedanken nach. Dann fährt er fort, von seiner Familie zu erzählen: »Meine Mutter war Hausfrau. Bevor sie meinen Vater kennengelernt hat, war sie Telefonistin bei der Post. Damals mussten die Anrufe ja noch gesteckt werden. Da war sie das *Fräulein vom Amt*.«

Ich sehe vor meinem geistigen Auge einen Filmausschnitt in Schwarz-Weiß, in dem junge Frauen in einer Reihe mit Kopfhörern und Sprechtrichter vor einer Wand mit Steckverbindungen sitzen und Anrufe vermitteln. Damals ein echter Traumberuf!

Ich glaube, ein wenig Stolz in Werners Stimme zu hören, als er erzählt: »Weil meine Mutter so eine schöne Stimme hatte, hat sie damals auch Tonbänder besprochen. Mit ›Wir leiten Sie weiter‹ oder ›Belegt‹.«

Doch bevor sich Werners Mutter Respekt durch ihre Stimme und ihre Arbeit verdienen konnte, musste sie erst einmal in den Wirren des Zweiten Weltkriegs ums Überleben kämpfen, erzählt er weiter. »Meine Mutter ist in Danzig geboren. Sie ist mit einem der letzten Züge – wahrscheinlich mit dem allerletzten, wie sie immer vermutete – gemeinsam mit ihrer Mutter und ihrer Schwester bei Kriegsende raus aus der Stadt. Sie hat mir immer wieder davon erzählt. Auch später noch war ihre Angst von damals spürbar.«

Fluchtgeschichten gab und gibt es leider viele, und sie berühren mich tief. Denn allein der Gedanke, alles zurückzulassen und sich auf den gefährlichen Weg ins Ungewisse zu machen, lässt meinen Hals enger werden.

»2011 ist meine Mutter gestorben. Wir hatten ein enges Verhältnis. Sie hat sich sehr um mich und meinen Bruder gekümmert, hat uns … wie soll ich das am besten ausdrücken?« Werner sucht einen Moment nach den richtigen Worten. »Sanft geleitet«, meint er. »Manches war schon auch umstritten. Wer braver war, hat mehr Liebe bekommen. So wie das damals eben ging. Ich war erst 25, als mein Vater starb. Er ist in den Bergen verunglückt. Da habe ich mich sehr um meine Mutter gekümmert. Fast zu sehr«, meint Werner nachdenklich. »Das hat meine erste Ehe ziemlich belastet. Wir haben mit meiner Mutter im selben Haus gelebt und ich habe viel Zeit mit ihr verbracht, manchmal auch bei ihr unten in der Wohnung übernachtet. Aber auf Dauer konnte ich das als Sohn nicht leisten. Ich konnte ihr ja nicht meinen Vater ersetzen. Ich habe versucht, es irgendwie für sie leichter zu machen.

Jedenfalls hatte ich zu meiner Mutter immer eine starke Verbindung.«

Wir biegen in einen Nebenweg. Werners Schritte werden langsamer, als müsse er etwas Geschwindigkeit aus seiner Erzählung nehmen. »Der Tod meines Vaters hat uns alle sehr erschüttert. Es war schwer, die Tatsache überhaupt zu begreifen, dass er einfach weg war. Ich hatte ein enges Verhältnis zu ihm, beinahe noch enger als zu meiner Mutter. Er war so die Abteilung Spaß und Unsinn. Und der Fußball, der hat uns verbunden. Ich mochte ihn schon sehr, meinen Vater. Er war derjenige, mit dem ich in den Bergen war, der mich aufs Gehen gebracht hat. Darauf, dass es Sinn macht, früh aufzustehen und auf einen Gipfel zu wandern.«

Wir verlassen den Weg und gehen über eine Wiese. Dort ist es sonniger. Der Kleinhesseloher See kommt in Sicht. Bunte Fahnen wehen am Ufer. Werner schweift kurz ab. Er erzählt, dass er mit 21 ein Jahr in Kenia war. Dort hat er als Surflehrer gearbeitet und auch ein bisschen Kisuaheli gelernt – und festgestellt, dass es zwischen dieser weichen, von Vokalen geprägten Sprache und Bayrisch Parallelen gibt. Ein paar Reste von Kisuaheli kann er heute noch.

Er hat und hatte ein buntes Leben, stelle ich fest. Und eigentlich wollte er Schreiner werden. Doch dann entschied er sich für ein Studium: Kommunikationswissenschaften. Dafür brauchte er 16 Semester, erzählt Werner Schmidbauer lachend.

»Ich habe halt während des Studiums schon das gearbeitet, was ich daneben studiert habe. Damals war ich nämlich bereits bei ›Live aus dem Alabama‹. Da hatte ich mit 22 Jahren angefangen. Ich habe auch überlegt, ob ich das Studium überhaupt fertig machen soll. Ich war mit 25 zudem schon Vater, hatte einen kleinen Buben. Aber ein Redakteur beim Bayerischen Rundfunk überzeugte mich, dass ein fertiges Studium wichtig ist. Also habe ich es doch zu Ende gebracht.«

Wir sind beim Kleinhesseloher See angekommen und umrunden das Wasser. Ein paar Enten sehen neugierig zu uns herüber. Wir gehen ein paar Schritte schweigend nebeneinanderher. Dann erzählt er weiter. Neben Fernsehen und Radio gab und gibt es für Werner natürlich die Musik. Seit rund 45 Jahren steht er als Liedermacher auf der Bühne. Mit seinem Projekt »Süden« spielte er 2013 mit seinen Kollegen und Freunden Martin Kälberer und Pippo Pollina in der Arena von Verona. Er trat in der ausverkauften Münchner Philharmonie auf, war mit Wolfgang Ambros, Georg Danzer und Rainhard Fendrich auf Tour.

»Ob es jetzt ein großer oder kleiner Auftritt ist: Ich bin eigentlich immer nervös. Aber das ist auch gut so, denn es bedeutet Spannung. Und es heißt, dass mir der Auftritt nicht Wurscht ist«, sagt Werner.

Ich habe den Eindruck, ihm ist in seinem Leben wirklich viel gelungen. Doch auch bei ihm gab es nicht nur Sonnenschein. In einem seiner Lieder – »Ganz schee weit« – erzählt er davon, wie er sich immer wieder auf den Weg gemacht hat, wenn es gerade schwer war.

»Je besser man mich kennt, desto mehr merkt man, dass ich eigentlich ein sehr grübelnder Mensch bin. Es gab viele Veränderungen in meinem Leben. Gerade habe ich die Trennung von meiner zweiten Frau hinter mir. Der Weg und die Entscheidung bis dahin war für mich wahnsinnig schwierig. Und es gab ja auch schon die Trennung von meiner ersten Frau. Die hatte sich in meinen besten Freund verliebt. Als sie ging, blieben die Kinder erst einmal bei mir.«

Werner hält kurz inne. Dann fährt er fort: »Außerdem war mein Vater schwer alkoholabhängig. Ich habe versucht, meine

Mutter zu unterstützen, und meinen Vater oft nachts in der Wirtschaft abgeholt. Sein Tod war dann ein fürchterlicher Schlag für mich. Da dachte ich: Jetzt geht es nicht mehr weiter! 2011 hatte ich eine schwere Rheumaerkrankung. Die hat mich an den Rand der Verzweiflung gebracht.«

Werner holt tief Luft. »Es gab also schon auch schwere Zeiten in meinem Leben. Aber ich habe mich immer schon in Krisen auf den Weg gemacht. Im wahrsten Sinn des Wortes: Ich bin dann losgegangen. Früher durch das Westend. Als Erwachsener auf den Berg.«

Werner erzählt, dass so auch die Idee zu der Fernsehsendung Gipfeltreffen entstanden sei: während eines Gesprächs auf einer Bergtour mit einem Freund. »Wir waren zusammen auf dem Heuberg. Dort haben wir über meinen Verbleib beim Fernsehen gesprochen, der für mich damals in Frage stand. Als wir wieder unten waren, meinte er, dass es so ein Format – Gespräche während einer Bergwanderung – im Fernsehen bisher nicht gäbe. So wurde die Idee geboren. Ich habe gemerkt, dass ich gerne in einer solchen Umgebung Talkshows oder genauer gesagt Walkshows mache, die mich auch zum Denken und Reden anregen. Ich glaube, deshalb sprechen meine Gäste sehr offen. Wir sind den ganzen Tag unterwegs. Und irgendwann macht jeder auf. So funktioniert das Format eigentlich von ganz allein«, erzählt Werner.

Da habe ich einen Einwand: »Ich glaube, dass deine Gäste so viel von sich erzählen, liegt vor allem an dir. Du bist jemand, dem es gelingt, den Raum zu halten, in den andere hineinsprechen können.«

Werner überlegt einen Augenblick. Dann nickt er. »Das stimmt schon. Und dazu kommt natürlich mein Vertrauen in die Berge, das sich vielleicht überträgt. Und meine Berufserfahrung. Ich habe schon viele Talkshows gemacht und gemerkt, dass ein guter Interviewer nicht unbedingt ›gescheit‹ reden und ›gescheite‹ Frage stellen können muss. Viel wichtiger ist das Nichtreden, das Wartenkönnen. Die beste Frage ist oft die, die nicht gestellt wird, finde ich. Wenn ich es aushalte, nicht sofort mit einer nächsten Frage zu reagieren, sondern dem anderen Zeit lasse, noch einmal nachzudenken, dann kommt oft das Wesentliche – das, was wirklich interessant ist. Da ist es schon hilfreich, das eigene Konzept wegzulegen und zu erkennen, dass das gerade ein besonderer Moment ist. Das merkt übrigens auch mein Kameramann, der bei allen über hundert Folgen mit dabei war. Der verändert dann seine Position, lässt den Menschen mehr Platz. Mein Team ist wirklich genial! Die wissen alle, wofür wir unterwegs sind.«

Ich bin beeindruckt von der Nähe, die Werner und seine Kollegen in dieser besonderen Talkshow herstellen können. Und welches Mitgefühl und was für eine zugewandte Haltung dahinterstecken. Das sage ich Werner.

»Das ist schon so. Aber vor der Aufnahme, wenn wir uns am Morgen treffen, sind wir eher eine wilde Bande. Wir sind dann unter uns. Es gibt am Berg keine Regie, keine Redaktion, keine Aufnahmeleitung. Die erste Frage, die in der Früh meist gestellt wird, ist: ›Wann gibt's jetzt das erste Weißbier?‹ Wenn der Gast kommt, wird es anders. Dann versuchen wir, gemeinsam einen schönen Tag zu haben. Auch wenn nicht alle Menschen, die ich interviewe, so denken wie ich, sollen sie sich an dem Tag wohlfühlen und aufblühen können. Ich war mit Theo Waigl auf dem Berg. Und sicher denke ich ganz anders als er. Aber es war beeindruckend, mit dem Mann, der den Euro miterfunden hat, unterwegs zu sein. Oder DJ Ötzi: Mit dem war ich auf dem Nockstein bei Salzburg. Dieser Stimmungsmusiker, der erzählt hat, dass er als Kind so viel krank war, dass er epileptische Anfälle hatte und geschlagen wurde –

und der dann oben auf dem Gipfel, als es sehr windig war, plötzlich furchtbar Angst bekommen hat. Wir haben dann wirklich umgedreht und weiter unten weitergesprochen.«

Werner erzählt, dass ihm seine Gäste manchmal Dinge anvertrauen, die so persönlich sind, dass er vor dem Schneiden der Sendung noch einmal Rücksprache hält, ob sie das wirklich in der Sendung haben wollen. Und es kommt vor, dass die Gäste dann ganz erstaunt darüber sind, dass sie das wirklich öffentlich gesagt haben. »Manchmal vergessen meine Gäste während der Wanderung einfach, dass wir das für eine Sendung aufzeichnen«, sagt Werner. Natürlich stellt er beim Gipfeltreffen niemanden bloß. »Das sind Dinge, die haben sie mir als Privatmensch erzählt. Die gehören nicht ins Fernsehen«, betont Werner.

In allem, was er über seine Arbeit beim Fernsehen erzählt, schwingt eine gewisse Leichtigkeit mit. Doch natürlich gab es auch Stolpersteine, die er gerade zu Beginn seiner Karriere nehmen musste.

»Einmal haben Hausbesetzer meine Sendung *Live aus dem Alabama* gekapert«, meint er.

An diese Sendung erinnere ich mich. »Du hast auf mich da sehr ruhig gewirkt«, sage ich.

Werner schüttelt den Kopf. »Ich war alles andere als ruhig. Ich war zudem noch ziemlich jung. Und ich fand es sehr unfair, dass die jetzt ins Studio spazieren und versuchen, das Mikrofon an sich zu reißen. Ich kannte die auch noch. Das waren nicht die Hausbesetzer aus der Hamburger Hafenstraße, sondern die Münchner Abteilung von denen. Ich bewegte mich zu der Zeit gelegentlich in dieser Szene. Ich war wirklich wütend, dass die mir meine Sendung aus der Hand nehmen wollten. Und klar, ich habe versucht, äußerlich ruhig zu bleiben. Ich dachte, die Regie bricht die Sendung jetzt einfach ab. Doch stattdessen habe ich von meinem Redakteur ein ganz anderes Kommando bekommen. Mitten in dem ganzen Tohuwabohu meinte er in fröhlichem Ton: ›Werner, wir bleiben drauf! Jetzt kannst du zeigen, was du gelernt hast. Du machst das schon.‹ Und ich dachte nur: Na super!«

Wir beide bleiben stehen und lachen. Werner musste auch sein Lehrgeld zahlen, stelle ich fest. Dennoch war gerade die Jugendsendung für ihn ein wunderbarer Einstieg und Erfolg. »Und sie war damals natürlich Kult«, fügt Werner an.

Wir überlegen kurz, wo wir unseren Weg fortsetzen wollen, lassen den Monopteros, den bekannten Rundtempel auf einem Hügel im Englischen Garten, links liegen und steuern auf den Chinesischen Turm zu. Wir schlängeln uns an Leuten vorbei, die auf dem Weg zum dortigen Biergarten sind. Als wir den Trubel hinter uns gelassen haben, erzählt Werner weiter von seiner Zeit bei *Live aus dem Alabama*: »In den 1980ern gab es nicht so viele Programme. Wir hatten darum auch super Quoten. Außerdem war ich jung und interessiert und wollte gerne diskutieren. Eine der schönsten Sendungen für mich war übrigens eine, die wir nach dem Einmarsch Chinas in Tibet – von wo der Dalai Lama geflohen war – gemacht haben. Wir hatten Gäste aus beiden Ländern. Es war unheimlich bewegend für mich, als am Ende der Sendung ein chinesischer Soldat sagte: ›Vielleicht sollten wir das nicht weiter so aggressiv handhaben.‹ Ein Tibeter hat diesen chinesischen Soldaten nach der Sendung in den Arm genommen. Das war schon besonders schön.«

Jetzt habe ich Gänsehaut bekommen. Und Werner auch. »Mit einer solchen Reaktion hatte niemand gerechnet«, meint er. »Und der Dalai Lama hat das mit unserer Sendung auch mitbekommen. Was viele nicht wissen: Er ist ein echter Technikfreak und hat sich damals alles, was im Fernsehen über

Tibet lief, aufzeichnen lassen und angesehen. Jedenfalls war er auf Europareise und hat in dieser Zeit genau zwei Interviews gegeben. Eines wollte er gern mit jemandem aus unserer Sendung machen. Aber er wollte nicht zu *Live aus dem Alabama* in den öffentlichen Raum, denn er wurde konkret mit dem Tod bedroht. Deshalb haben wir für das Treffen einen geschützten Raum im Hotel Bayerischer Hof organisiert. Ich sollte das Interview führen und bin mit dem Rad zum Hotel gefahren. Es sollte in dem Gespräch um Mut und Wut und letztlich um das Thema Verantwortung gehen. Ich habe mich wahnsinnig auf das Interview gefreut. Tja, und dann bin ich leider mitten in ein Gewitter geraten. Als ich am Hotel ankam, war ich durch und durch nass. Ich musste mir vom Portier ein Hemd leihen. Ich habe noch ein Foto von dem Gespräch auf meinem Handy. Schau mal«, sagt er, zieht sein Mobiltelefon aus der Jackentasche und wischt kurz darauf herum. Er hält mir das Display hin. Auf dem Foto sitzen sich der Dalai Lama und der junge Werner Schmidbauer auf brokatbezogenen Sesseln gegenüber. Die jüngere Ausgabe von Werner trägt ein geblümtes Hawaiihemd. Obwohl das komisch aussieht, vermute ich, dass dem Dalai Lama der modische Fehlgriff gar nicht aufgefallen ist. Werner steckt sein Handy weg und erzählt weiter.

»Während ich mir noch überlegt habe, wie ich meinem besonderen Interviewpartner nun begegnen sollte – aufstehen und verbeugen, mit ›Eure Heiligkeit‹ ansprechen? –, betrat der Dalai Lama mit einer Gruppe Mönche den Raum. Ich wollte gerade aufstehen, da ging er auf mich zu und verbeugte sich vor mir. Er nahm meine Hand, umschloss sie und meinte: ›I was so much looking forward to meet you.‹ Ich war völlig baff und hab nur gestammelt, dass er mich jetzt total aus dem Konzept gebracht hätte. ›You did not expect that?‹, meinte er und fing an zu lachen. Ich hatte mit vielem gerechnet, aber nicht damit, dass er mir so wertschätzend begegnet. Wir hatten dann ein total schönes Gespräch. Ich habe ihn gefragt, ob er nicht auch mal wütend sei. Bei aller Erleuchtung: Ich hätte eine richtige Wut auf die Chinesen gehabt, wenn sie mich aus meinem Land vertrieben hätten. Und da meinte der Dalai Lama, dass er natürlich auch wütend sei, sehr sogar. Aber dann würde er versuchen, gedanklich neben sich eine Leiter aufzustellen und draufzusteigen. Von dort oben würde er auf den kleinen Dalai Lama schauen, wie der dort unten rumschimpft. Und dann müsse er immer lachen. Das würde es ihm leichter machen, zu erkennen, dass die Chinesen auch nur Menschen seien. Dann hätte er immer mehr den Impuls, sie zu umarmen als sie zu schlagen.«

Über diese Weisheit müssen wir beide einen Augenblick nachdenken. Den Feind umarmen wollen – dazu gehört wahrhaftig Größe. Und Mut. Und vielleicht wirklich ein wenig Erleuchtung.

»Zum Schluss hat er mir dann ein geweihtes Stoffarmband geschenkt. Und ich Trottel habe es drei Tage später im Schwimmbad liegen lassen. Das tut mir heute noch leid. Aber man soll ja nicht an Dingen festhalten. Die Begegnung mit dem Dalai Lama war jedenfalls sehr beeindruckend.«

Und sie hat wohl auch nachhaltig Spuren hinterlassen und Werners Umgang mit Krisen beeinflusst. »Ich halte es da ein bisschen wie der Dalai Lama«, meint er, als ich ihn danach frage. »Selbst in größter Bedrängnis kann es helfen, sich neben die Situation einen Stuhl zu stellen und draufzusteigen. Also die Perspektive zu ändern und mit Abstand auf sich selbst zu schauen. So kann man erkennen, dass es einem gerade schlecht geht, es aber auch gute Situationen gegeben hat. Damals hast du dir vielleicht nicht vorstellen können, dass es dir mal so schlecht gehen wird. Und jetzt kannst du dir nicht vorstellen, dass es wieder gut werden kann. Aber so wird es sein. Diese Erkenntnis hilft dabei, dass man vielleicht sogar über die aktuell schwere Situation lachen kann. Ich habe erlebt, dass Humor der Tragik die Schärfe nimmt.«

Werner nickt nachdenklich. »Ich kenne da so eine tausend Jahre alte Eiche. Bei der schaue ich immer mal wieder vorbei. Der habe ich schon viel anvertraut. Und egal, ob es nach einem tollen Konzert war oder nach dem Klinikbesuch, bei dem ich erfahren habe, dass meine Mutter nicht mehr lange leben wird: Ich setze mich an die alte Eiche, die schon so viel gesehen und erlebt hat, und merke, dass sich sehr viel relativiert. Dann kann ich mich nur bedanken für das Leben. Für dieses unperfekte, manchmal traurige Leben. Wir haben nur dieses eine.«

Werner und ich sind am Endpunkt unseres gemeinsamen Weges angelangt. Wir steuern die Straße an, die aus dem Englischen Garten herausführt.

Dann fällt Werner etwas ein, das er noch anfügen möchte: »Du hast gefragt, was helfen kann, Schwierigkeiten zu bewältigen. Das Berggehen, das ist sicher auch ein Mittel, wie man in Tiefen wieder auf die Beine kommt.«

Ich nicke. Genau das hat sich in den letzten Tagen in den Alpen immer wieder bestätigt.

LEBEN MIT HÖHEN UND TIEFEN

Als ich schließlich nach den Tagen des Unterwegsseins zu Hause die Tür aufmache, bin ich noch lange nicht angekommen. Es dauert eine Weile, bis ich mich wieder auf meinen Alltag einlassen kann. Ich fühle mich erst etwas wund. Körperlich macht sich nun doch eine Erschöpfung breit, die ich all die Tage unterwegs wenig gespürt habe. Das Wundsein äußert sich aber mehr emotional: Ich spüre Wehmut, habe jede Menge Eindrücke zu verarbeiten und brauche Zeit, um mich zu sortieren. Obwohl ich so langsam unterwegs war, merke ich, dass meine Seele noch nicht wieder heimgekommen ist. Ich versuche, nachsichtig mit mir selbst zu sein. Das fällt mir bei anderen entschieden leichter.

Erst nach und nach kommt ein Gedanke an die Oberfläche: Ich habe es geschafft! Ich habe Höhen und Tiefen bewältigt, habe die gesamte Wegstrecke und noch ein bisschen mehr durchgehalten. In den ersten Tagen zu Hause begleiten mich zudem gedanklich die Menschen, denen ich auf diesem Weg begegnet bin: Rita, Elisabeth und Günther, die mich auf meinen Weg eingestimmt haben; Justus, Thomas, Andal, Christine, Ines, Lutz und Sandra, die mir während des Weges begegnet sind. Und Simone, Erika und Werner, die ich nach der Alpenüberquerung treffen durfte. Sie sitzen – nur für mich sichtbar – neben mir, sie gehen mit mir ins Büro, zum Bäcker und eine Runde spazieren. Ich höre Sequenzen unserer Gespräche in meinem Kopf, fühle mich auch im Nachhinein in guter Gesellschaft. Selbst wenn es nur um ein paar Tage ging: Sie alle sind Wegbegleiter und Wegbegleiterinnen, die mir ihr Vertrauen geschenkt haben, mit denen ich so intensiv wie selten mit anderen gesprochen habe und von denen ich viel lernen durfte. Und nein, ich entwickle keine Halluzinationen, ich werde vielmehr geflutet von einer Welle der Dankbarkeit. Dafür, dass sie alle ihre Geschichte, ihre Gedanken und ihre Wege aus schwierigen Lebensphasen mit mir geteilt haben. Sie alle mussten Herausforderungen, Tiefschläge, Krankheiten oder Umbrüche bewältigen. Und sie haben das nicht irgendwie überstanden, sondern gingen gestärkt und bereichert daraus hervor. Das ist eine wichtige Erkenntnis, die ich aus den Bergen mitgenommen habe: Nach einem mühsamen Stück wird es irgendwann wieder leichter. Und im besten Fall hat man aus der Anstrengung etwas gelernt, kann beim nächsten schweren Stück davon profitieren.

Das Leben ist in der Regel nicht perfekt. Und dennoch: Das pure, echte, turbulente Leben mit all seinen Höhen und Tiefen, mit Glücksmomenten und Enttäuschungen, mit Freude und Trauer, mit Verbundenheit und Verlust ist das, was wir haben und womit wir zurechtkommen müssen und dürfen. Und irgendwie ist das doch wunderbar!

WAS UNSERE RESILIENZ STÄRKT

Ich hatte mir fest vorgenommen, auf meinem Weg über die Alpen darüber nachzudenken, wie sich die *Abwehrkräfte der Seele*, also die seelische Widerstandsfähigkeit, stärken ließe. Und nun merke ich, dass ich während des Wanderns über vieles nachgedacht habe – wie die Blume am Wegrand wohl heißt, wo sich das Murmeltier, das ich pfeifen höre, versteckt hat, wie viel Wasser ich noch habe und ob ich jetzt oder erst später Pause machen soll. Aber mit Resilienz habe ich mich nicht wirklich beschäftigt. Und dennoch eröffnen sich nun mit Abstand Erkenntnisse, die während der Tage in den Alpen sozusagen auf dem Weg lagen und die ich – auch wenn mir das in dem Augenblick nicht so bewusst war – eingepackt habe. Die wichtigste ist für mich: Für meine persönliche Widerstandskraft brauche ich Menschen, die mir vertraut sind, die es gut mit mir meinen und auf die ich zählen kann.

Es wird hinsichtlich Resilienz davon gesprochen, dass gewisse Faktoren entweder ein hohes Anfälligkeitsrisiko bergen oder Resilienz begünstigen. Doch das eigene Temperament, die körperliche Konstitution, familiäre Bedingungen oder die finanzielle Situation der Herkunftsfamilie sind erst einmal wenig beeinflussbar. Dennoch haben sie enorme Auswirkung auf die Ausprägung von seelischer Widerstandskraft. Dazu zählen im Positiven Dinge wie eine stabile Beziehung innerhalb der Familie, kognitive Fähigkeiten und Bildung oder auch Kreativität. Negativen Einfluss auf die Belastbarkeit haben unsichere finanzielle Verhältnisse, Erkrankungen oder auch Beziehungsabbrüche in der Kindheit. Wie wir aufgewachsen, wie finanziell abgesichert und gebildet wir sind, ist aber kein Garant für Resilienz oder erhöhte Verwundbarkeit. Und das ist auch gut so! Denn ansonsten wären wir alle unserem Schicksal hilflos ausgeliefert und hätten keine Chance, unser Leben wirksam zu gestalten. Stress, Krisen und Schicksalsschläge gehören zum Leben dazu. Was kann man also tun, um trotz oder vielleicht sogar wegen dieser Widrigkeiten körperlich und seelisch gesund zu bleiben? Die Resilienzforschung spricht von den »sieben Säulen der Resilienz«, die man üben und intensivieren kann: Optimismus, Akzeptanz, Lösungsorientierung, Verlassen der Opferrolle, Übernehmen von Verantwortung, Netzwerke aufbauen und die eigene Zukunft planen und gestalten. Darüber hinaus konnte ich von den Menschen, denen ich begegnet bin, noch andere Dinge lernen und mehr darüber erfahren, welche *Vitamine für das seelische Immunsystem* helfen können, damit wir mit Schicksalsschlägen oder Widrigkeiten besser zurechtzukommen.

1. Druck abbauen und entspannen

Gerade bei meiner Alpenüberquerung lag es auf der Hand: Ohne Pausen, ohne die Möglichkeit, aufzutanken und mich zu erholen, hätte ich die Etappen über die Berge nicht geschafft. Was also bei einer Alpenüberquerung nötig war, kann im Alltag – wenn man sozusagen emotionale Höhenmeter zurücklegt – ebenso hilfreich sein. Niemand schafft es, immer zu funktionieren! Erst wenn wir uns selbst regelmäßig Regenerationszeiten zugestehen, haben wir ausreichend Kraft, uns neuen oder anstehenden körperlichen und seelischen Herausforderungen zu stellen. Beim Erholen hilft oft die Gegenbewegung, wie es auch in Fitnesstrainings oder in der Physiotherapie empfohlen wird: Wenn eine Muskelpartie stark beansprucht wurde, sollten auch die Gegenspieler zum Ausgleich angesprochen werden. Also zum Beispiel: erst die Bauchmuskeln, dann die Rückenmuskeln. Im übertragenen Sinn kann das bedeuten: Wer den ganzen Tag sitzt, erholt sich am besten in der Bewegung. Wer den ganzen Tag auf den Bildschirm schaut und ständig Reizen ausgesetzt ist, braucht Stille und ein Bei-sich-Ankommen. Justus, der Almhelfer, hat nicht erst auf der Alm erkannt, wie gut es tun kann, das Handy zwischendurch wegzulegen oder auszuschalten. Ich selbst habe auf meiner Alpenüberquerung eine weitere Möglichkeit entdeckt, wie ich Spannungszustände und Stress mindern kann: Ich habe mich auf Dinge und Sinneseindrücke konzentriert, die bei mir positiv abgespeichert sind. Besonders Gerüche wecken schnell Erinnerungen in uns. Wenn die Düfte mit schönen Erlebnissen verbunden sind, haben sie eine enorm entspannende Wirkung. Das war natürlich auf einer Bergwanderung einfach, denn überall roch es nach frischem Gras, nach Blumen oder Kräutern. All das erinnerte mich an Momente in meiner Kindheit, in denen ich mich geborgen und sicher fühlte – und ich spürte sofort eine gewisse Leichtigkeit. Aber das geht auch ganz ohne Berge: Eine Tasche mit individuell positiv besetzten olfaktorischen Reizen, beispielsweise Duftöle oder einem Sträußchen Lavendel, kann eine echte Erste Hilfe gegen Stress sein.

Übrigens: In unserer schnelllebigen Zeit wird von uns häufig auch in schweren Situationen erwartet, schnell wieder zu funktionieren. Doch manche Dinge brauchen eine Weile. Sich zum Trauern, Nachdenken oder Sortieren zurückzuziehen, ist wichtige Regenerationszeit und hilft dabei, Dinge zu verarbeiten, wieder Kraft zu sammeln und ins Leben zurückzufinden.

2. Wege finden, um mit Dingen umzugehen, die man nicht ändern kann

Es gibt Dinge, die lassen sich nicht ändern, auch wenn man es sich noch so sehr wünscht. Ich muss unweigerlich an Günther und Erika denken, die ich auf meinem Weg kennenlernen durfte. Nicht alles im Leben haben wir in der Hand. Und nicht alles, was wir erleben, ist schön oder schönzureden. Dennoch entscheiden wir allein, wie wir mit der schwierigen, unabänderlichen Situation umgehen, wie wir sie sehen und darauf reagieren.

Glücklicherweise habe ich auf meiner Alpenüberquerung keine überaus herausfordernden oder gar bedrohlichen Situationen erlebt. Doch auch in meinem Leben lief bisher nicht alles nach Plan. Ich habe geliebte Menschen verloren, musste mich mit einer chronischen Krankheit arrangieren und den einen oder anderen Traum begraben. Meine Bereitschaft, diese Situationen anzunehmen und zu akzeptieren, war nicht von Anfang an da. Es war ein Prozess – und der war kein Spaziergang! Mini-Katastrophen sind da eine gute Gelegenheit, sich selbst zu beobachten, sich besser kennenzulernen und auszuprobieren, ob vielleicht andere Reaktionsmuster als die gewohnten möglich sind. Die Bahn, die man erwischen sollte, fährt einem vor der Nase weg? So in etwa begann meine Alpenüberquerung. Kein Weltuntergang, kein Schicksalsschlag, aber ärgerlich. Und eine Spielwiese für neue Verhaltensweisen. Aufgeben und umkehren? Hadern und vor sich hin schimpfen? Die Schuld bei anderen suchen? Oder sich beruhigen, es akzeptieren und nach einer anderen Lösung suchen? Sich für die Akzeptanz dessen, was jetzt ist, zu entscheiden, fällt bei einer kleinen Enttäuschung sicherlich viel leichter als bei einem schweren Verlust. Dennoch kann ein Einüben von Handlungsalternativen unsere Resilienz steigern und in richtigen Krisen bei der Bewältigung helfen.

3. Sinn finden in dem, was passiert

Neben der Resilienzforschung gibt es einen ähnlichen Ansatz, der sich damit beschäftigt, wie Menschen trotz Belastung gesund bleiben: die Salutogenese nach Aaron Antonovsky. Und auch hier geht es nicht darum, Risiken zu vermeiden, die sich nicht vermeiden lassen. Vielmehr steht im Zentrum dieses Modells das sogenannte Kohärenzgefühl. Es meint ein Gefühl von Stimmigkeit, das wir in bestimmten Situationen, selbst in sehr schwierigen und herausfordernden, entwickeln können. Dieses Gefühl setzt sich aus drei Komponenten zusammen: Die Situation ist für mich verstehbar. Ich weiß also, was gerade von mir verlangt wird, was eigentlich los ist. Die Situation ist für mich außerdem handhabbar. Ich weiß, dass ich das, was gerade ansteht, meistern kann, weil ich meine Fähigkeiten kenne. Drittens: Die Situation ergibt für mich einen Sinn. Das, was ich tue, hat eine Bedeutung. Die Situation ist es wert, Energie dafür aufzuwenden – wie auch immer die Sache ausgeht. Im Nachhinein betrachtet, hat meine Alpenüberquerung vermutlich genau deshalb meine Resilienz gefördert:

weil ich wusste oder zumindest ahnte, was auf mich zukommen würde, weil ich mir zutraute, es zu schaffen, weil ich vorher ausreichend Bergerfahrung gesammelt hatte und das Vorhaben für mich Sinn ergab.

Gerade wenn plötzlich etwas passiert und wir uns nicht darauf einstellen können, oder wenn Situationen uns bis ins Mark erschüttern, ist es nicht einfach, den Sinn dahinter zu erkennen. Dazu braucht es häufig Abstand oder die Bereitschaft, die Situation in einem größeren Kontext zu sehen. Der Tod eines nahestehenden Menschen ergibt sicher erst einmal keinen Sinn. Doch vielleicht gelingt es, diesen darin zu sehen, dass man den Verlust verarbeiten lernt und irgendwann wieder zu Unbeschwertheit und Leichtigkeit zurückfindet. Oder dass es etwas gibt, für das es sich lohnt, weiterzumachen, weiterzuleben.

4. Wahrnehmen, was gut läuft und was man alles schon geschafft hat

Es gab Momente während meiner Alpenüberquerung, da fühlte ich mich einsam, überfordert oder unsicher. Mir hat in diesen Situationen geholfen, mir vor Augen zu führen, was ich alles schon geschafft habe und was mir bis dahin bereits in meinem Leben gelungen war. Im Jahr zuvor war ich ebenfalls länger allein zu Fuß unterwegs. Ich wusste also, dass ich das aus- und durchhalten kann. Im Vergleich zu wirklichen Lebenskrisen ist das Gefühl von »Jetzt ist es gerade so schön, und weit und breit ist niemand da, mit dem ich das teilen kann« sicher geradezu mickrig klein. Doch auch wenn es mal richtig anstrengend wird, alles aussichtslos erscheint und unser Leben Achterbahn fährt, kann die Frage neue Horizonte öffnen: Was habe ich in meinem Leben schon geschafft? Wenn ich feststelle, dass ich etwas schon einmal gemeistert habe und dabei vielleicht auch die nötige Unterstützung bekommen oder gefunden habe, erlebe ich mich als selbstwirksam: Das, was ich tue, was ich angehe, hat Wirkung. Ich kann etwas verändern. Das ist ein gutes Gefühl. Und es macht stark, wenn ein Weg besonders mühsam ist und einem der Wind dabei eisig ins Gesicht bläst – im wörtlichen und im übertragenen Sinn. Das hilft zudem dabei, optimistisch zu bleiben: Gerade ist alles vielleicht nicht gut. Aber es kann wieder gut werden.

5. Beziehungen und Netzwerke finden und pflegen

Ich hatte mir vorgenommen, den Weg über die Alpen allein zu gehen. Und nun merke ich, wie gut es mir getan hat, ein Netzwerk von Unterstützern und Unterstützerinnen gehabt zu haben. Einige davon sind mir im wahrsten Sinn des Wortes einfach über den Weg gelaufen: Mir haben meine Wegbegleiter und Wegbegleiterinnen Ines, Lutz und Sandra bei den Etappen, die wir gemeinsam gegangen sind, sehr geholfen, Aufstiege zu meistern und mich abends zu regenerieren. An dieser Stelle: Danke euch!

Das lässt sich auf das ganze Leben übertragen. Oft glauben wir, etwas allein hinbekommen und vielleicht noch ganz nebenbei anderen unter die Arme greifen zu müssen. Das kostet Kraft! Bittet man in tragfähigen Beziehungen und Netzwerken um Unterstützung, können diese wahre Energiequellen sein. Die Menschheitsgeschichte zeigt, dass die Überlebens- und Bewältigungschancen Einzelner höher waren, wenn sie einen guten Platz in einer sozialen Gruppe hatten – und das nicht nur, weil so der Säbelzahntiger schneller erlegt war, sondern weil alle an den Fähigkeiten anderer partizipieren konnten. Alle Menschen, denen ich auf meinem Weg begegnet bin, haben das verstanden und in Krisen genutzt: Günther, der notwendige medizinische Hilfe und die Unterstützung von Freunden angenommen hat. Sandra, die von ihrer Tante und ihrem Onkel vor größerem seelischem Schaden bewahrt wurde. Christine, die weiß, dass sie auf andere zählen kann, wenn es eng wird. Oder Werner, der mit Freunden auf den Berg geht, um über Dinge, die ihn beschäftigen, zu sprechen. Ich finde: Wir müssen reden!

6. Die eigenen Stärken und Ressourcen kennen

Eigenlob stinkt? Von wegen! Sich selbst und seine Stärken zu kennen und einzusetzen, ist ein wichtiger Baustein, um mit Belastungen gut umgehen zu können. Ich fange mal an: Ich kann weit gehen, habe eine gute Kondition und habe es sogar bis über die Alpen geschafft. Es fällt mir leicht, mit Menschen ins Gespräch zu kommen, mich auf andere einzulassen. Und ich bin sicher, diese Ressourcen können mir helfen, wenn es mal richtig eng wird. Denn so schaffe ich es, an mich selbst zu glauben. Der Kabarettist Eckhart von Hirschhausen hat einmal gesagt: »Es ist so viel sinnvoller, seine Stärken zu stärken, als an seinen Schwächen herumzudoktern.« Wie wahr! Und jetzt sind Sie an der Reihe: Was können Sie besonders gut? Was sind Ihre Talente?

7. Verantwortung übernehmen

Manchmal stellt sich ein gewisser Automatismus ein: Wenn etwas nicht gut läuft, überlegen wir, wer schuld daran ist. Doch das bringt uns in der Regel nicht weiter. Ich muss an Erika denken, die meinte, die Berge seien nicht schuld am Unfall ihrer Freundin. Auch die Fragen nach dem »Warum?« und dem »Wieso passiert das ausgerechnet mir?« sind müßig. Denn es ist, wie es ist. Das hat auch Ines erkannt und ihre Sichtweise bezüglich ihrer Erkrankung geändert. Viel sinnvoller ist es, das ständige Drehen und Wenden sein zu lassen und statt der Schuldfrage die nach einer Perspektive zu stellen: Wie stelle ich mir die Zukunft vor? Wie wird es sein, wenn es gut ist? Wie kann ich es schaffen, aus dieser Situation herauszukommen? Welche Möglichkeiten habe ich? So ändert sich unsere Sichtweise, und es können Lösungsideen entstehen. Wenn das nicht sofort gelingt, sollten wir einfach gedanklich einen Stuhl neben uns stellen und draufklettern. So, wie Werner das vom Dalai Lama gelernt hat. Vielleicht schaffen wir es dann, uns von oben zu betrachten und über die Situation zu lachen oder zumindest über uns selbst zu schmunzeln – und dann die Dinge, die notwendig sind, anzugehen. Sicher können wir so nicht die ganze Welt retten. Aber die Verantwortung für unser Leben und für Dinge, die uns wichtig sind, zu übernehmen, ist ein guter Anfang.

ZEIT, DANKE ZU SAGEN

Ganz schön viel geschafft!« – Dieser Gedanke kommt mir, als ich mit etwas Abstand auf der Karte nachsehe, welchen Weg ich während der Alpenüberquerung zurückgelegt habe. Ich bin froh und dankbar, dass ich das körperlich so gut hinbekommen habe. Ich habe mich selbst vor eine Herausforderung gestellt und ich habe sie bewältigt. Noch dankbarer bin ich, dass ich nun schon mehrere Weitwanderungen und Bergtouren mit geplanten und zufälligen Begegnungen kombinieren durfte. Ich konnte das tun, was mir liegt. Das bedeutet: Ich habe einen wundervollen Beruf, in dem ich aufblühen kann!

Ob das meine eigene Resilienz gesteigert hat? Ich kann das selbst schlecht beurteilen. Aber ich merke, dass es mir guttut, wenn andere Menschen mir erzählen, wie es ihnen bisher gelungen ist, ihr Leben zu meistern. Ich habe verstanden, dass nicht das Ereignis selbst es ist, das uns bestehen oder scheitern lässt, sondern unser Umgang damit und unsere Einstellung dazu.

Was mir noch hilft, meine eigenen emotionalen Höhenmeter zu bewältigen? Menschen, die an meiner Seite sind. Mein Mann, der es geschafft hat, die guten Saiten in mir zum Klingen zu bringen. Meine mittlerweile erwachsene Tochter, die an dem, was ich tue, interessiert ist und auf die ich sehr stolz bin. Meine Freundinnen und Freunde – neben vielen Bekannten einige wenige, die mich eng und schon lange begleiten. Danke, dass es euch gibt!

Auch bei Ihnen, liebe Leserinnen und Leser, möchte ich mich herzlich bedanken. Schön, dass Sie sich mit auf den Weg gemacht haben und gedanklich mitgewandert sind. Vielleicht konnte ich den einen oder die andere dazu inspirieren, sich selbst auf den Weg zu machen – und offen zu sein für Begegnungen. Menschen, von denen wir lernen können, findet man überall. Manchmal begegnen sie einem sogar ganz zufällig, während man ohne Hintergedanken und Erwartungen unterwegs ist. Bleiben Sie offen für andere und das Abenteuer Leben!